季羡林自选集

八大印章珍藏版

印章编号　8

漫谈古书今译

季羡林

弘扬祖国优秀文化的口号一经提出，立即受到了全国人民和全世界华人，甚至一些外国友人的热烈响应。在这里，根本不存在民族情绪的问题。这个口号是大公无私的。世界文化是世界上各民族共同创造的，而中华文化则在世界文化中占有重要的地位。想求得人类的共同进步，必须弘扬世界优秀文化。想弘扬世界优秀文化，必须在弘扬所有民族的优秀文化的同时，重点突出中华文化。不这样做，必将事倍而功半，南辕而北辙。

弘扬中华优秀文化，共道多端，古书今译也是其中之一。因此，我赞成古书今译。

但是，我认为，古书今译应该有个限度。

什么叫"限度"呢？简单明了地说，有的古书可以今译，有的难于今译，有的甚至不可能今译。

季羡林自选集

季羡林谈国学

季羡林 著

北京联合出版公司
Beijing United Publishing Co.,Ltd.

图书在版编目（CIP）数据

季羡林谈国学 / 季羡林著 . -- 北京 : 北京联合出
版公司 , 2024.7. --（季羡林自选集）. -- ISBN 978
-7-5596-7700-6

Ⅰ . Z126.27-53

中国国家版本馆 CIP 数据核字第 2024X9U256 号

季羡林自选集：季羡林谈国学

季羡林　著

出　品　人：赵红仕
选 题 策 划：外图凌零
统　　　筹：徐蕙蕙
特 约 编 辑：康舒悦　丘　丘
责 任 编 辑：牛炜征
封 面 设 计：陶　雷
内 文 排 版：孟　迪

北京联合出版公司出版
（北京市西城区德外大街 83 号楼 9 层 100088）
北京联合天畅文化传播公司发行
武汉市盛宏源印务有限公司　新华书店经销
字数 174 千字　880 毫米 ×1230 毫米　1/32　6.75 印张
2024 年 7 月第 1 版　2024 年 7 月第 1 次印刷
ISBN 978-7-5596-7700-6
定价：38.00 元

代序 _____ 做真实的自己

◎ 季羡林

在人的一生中，思想感情的变化总是难免的。连寿命比较短的人都无不如此，何况像我这样寿登耄耋的老人！

我们舞笔弄墨的所谓"文人"，这种变化必然表现在文章中。到了老年，如果想出文集的话，怎样来处理这样一些思想感情前后有矛盾，甚至天翻地覆的矛盾的文章呢？这里就有两种办法。在过去，有一些文人，悔其少作，竭力掩盖自己幼年挂屁股帘的形象，尽量删削年轻时的文章，使自己成为一个一生一贯正确、思想感情总是前后一致的人。

我个人不赞成这种做法，认为这有点作伪的嫌疑。我主张，一个人一生是什么样子，年轻时怎样，中年怎样，老年又怎样，都应该如实地表达出来。在某一阶段上，自己的思想感情有了偏颇，甚至错误，绝不应加以掩饰，而应该堂堂

1

正正地承认。这样的文章绝不应任意删削或者干脆抽掉，而应该完整地加以保留，以存真相。

在我的散文和杂文中，我的思想感情前后矛盾的现象，是颇能找出一些来的。比如对中国社会某一个阶段的歌颂，对某一个人的崇拜与歌颂，在写作的当时，我是真诚的；后来感到一点失望，我也是真诚的。这些文章，我都毫不加以删改，统统保留下来。不管现在看起来是多么幼稚，甚至多么荒谬，我都不加掩饰，目的仍然是存真。

像我这样性格的一个人，我是颇有点自知之明的。我离一个社会活动家，是有相当大的距离的。我本来希望像我的老师陈寅恪先生那样，淡泊以明志，宁静以致远，不求闻达，毕生从事学术研究，又决不是不关心国家大事，绝不是不爱国，那不是中国知识分子的传统。然而阴差阳错，我成了现在这样一个人。应景文章不能不写，写序也推托不掉，"春花秋月何时了，开会知多少"，会也不得不开。事与愿违，尘根难断，自己已垂垂老矣，改弦更张，只有俟诸来生了。

1995年3月18日

序二 ———— 我尊敬的国学大师

◎ 梁 衡

　　季羡林先生是我尊敬的国学大师，但他的贡献和意义又远在其学问之上。我尝问先生："你所治之学，如吐火罗文，如大印度佛教，于今天何用？"他肃然答道："学问不问有用无用，只问精不精。"其严谨的治学态度发人深省。此其一令人尊敬。先生学问虽专、虽深，然文风晓畅朴实，散文尤美。就是有关佛学、中外文化交流，甚至如《糖史》这些很专的学术论著也深入浅出，条分缕析。虽学富五车，却水深愈静，绝无一丝卖弄。此其二令人尊敬。先生以教授身份居校园凡六十年，然放眼天下，心忧国事。常忆季荷池畔红砖小楼，拜访时，品评人事，说到动人处，竟眼含热泪。我曾问之，最佩服者何人。答曰："梁漱溟。"又问再有何人。答曰："彭德怀。"问其因，只为他们有骨气。联系"文化大革命"中，先生身陷牛棚，宁折不屈，士身不可辱，公心忧天下。此其三令人尊敬。

先生学问之衣钵，自有专业人士接而传之。然治学之志、文章之风、人格之美则应为学术界、全社会，尤其是青少年所学、所重。而这一切又都体现在先生的文章著作中。遂建议于先生全部著作中，选易普及之篇，面对一般读者，编一季文普及读本。于是有此选本问世，庶可体现初衷。

（梁衡，著名散文家。曾任原国家新闻出版署副署长、人民日报社副总编辑）

序三 ——— 季羡林先生的道德文章

◎ 梁志刚

　　"季羡林自选集"丛书付梓在即，责编要求我写一篇序。初闻此言，颇感错愕：老朽何德何能，哪有资格为大师的文集作序？继而思之，季先生的同辈学人，已经渐去渐远，即使我的师兄师姐，也是寥若晨星。我作为先生的及门弟子和读者，同时还是先生传记的作者，谈点心得体会，作为引玉之砖，不但是必要的，而且是应该的。于是我鼓足勇气，写点一孔之见，与诸位读者交流。

　　说起季羡林先生的自选集，据我所知，最早是在1988年，北京师范学院出版社要求季先生自选精华，编成《季羡林学术论著自选集》。季先生从过去几十年所写的200万字的学术著作中，选出几十篇，还为这本集子写了自序。他发现，所选文章基本上都是考证方面的，这说明，自己的兴趣和能力即在于此。清代大文豪姚鼐说："天下学问之事，有义理、文章、考证三者之分，异趋而同为不可废。"

20世纪80年代中期以前，季羡林的治学主要是考证。他师承陈寅恪和瓦尔德施米特，认为考证是做学问的必由之路。至于考证的方法，他十分佩服并身体力行胡适提出的"大胆的假设，小心的求证"。他认为，过去批判这两句话，批判一些人，是在极左思想的支配下，以形而上学冒充辩证法来进行的。他反对把结论当成先验的真理，不许怀疑，只准阐释，代圣人立言，为经典作注。他认为这样只能使学术堕落。他说："我过去五六十年的学术活动，走的基本上是一条考证的道路。""考证要达到什么目的呢？无非是寻求真理而已。""什么叫真理？大家的理解也未必一致。有的人心目中的真理有伦理意义。我不认为是这样。我觉得，事情是什么样子，你就说它是什么样子。这是唯物主义，同时也是真理。"要想了解季羡林是如何考证、如何寻求真理的，请读一读本丛书中的《季羡林谈佛》。

季羡林曾经多次说"不喜欢义理"。可是在20世纪80年代中后期，他在"义理"的研究方面，投入了不少的精力，取得了可喜的成果。其原因是，他看到，西方文化引领世界数百年，给人类带来前所未有的利益，同时也造成了巨大的生存危机，诸如环境污染、人口爆炸、淡水不足、气候变暖、臭氧出洞、物种灭绝、战争频发、贫富差距扩大等等。他在思考人类的出路在哪里。当然不只是季羡林，世界上有些有识之士也在考虑同样的问题。英国的汤因比对人类文明的发展趋势进行了深刻的反思，日本的池田大作在考虑如何把"战争与暴力的世纪"改造成"和平与共生的世纪"，并与季羡林展开隔空对谈。季羡林从中国古代圣贤那里受到启发，提出了"天人合一"的新解，主张人与自然和谐相处；在人与人、国与国的关系方面，主张和为贵，和而不同，建立和谐世界；在东西方文化关系方面，主张坚持"拿来"，强调"送去"，用东方的药，治西方的病；他提出"河东河西论"，大胆预言：21 世纪将是中国的世纪。这些，为建立人类命运共同体理念提供了理论支撑。我们这套丛书中的《季羡林谈国学》《季羡林谈东西方文化》无疑是其代表作品。

至于文章，季羡林先生是广受读者欢迎的散文大家。他笔耕七十余载，创作散文五百余篇，其中许多是脍炙人口、清新隽永的名篇。1980 年香港文学研究社出版的《季羡林选集》和 1986 年北京大学出版社出版的《季羡林散文集》就是较早的散文自选集。在这前一本书的跋和后一本书的自序中，他详细介绍了自己的创作过程和"惨淡经营"的创作理念。此后，各家出版单位编辑出版的季羡林散文集可以说数不胜数。记得 2006 年初，有一家出版社找到我，要编一本季先生的学者散文。我去医院请示季先生，季先生说："我的散文已经出了七八种，有的还没有经过我同意。这些书大同小异，你选这几篇，他选那几篇，重复的不少。这对读者不负责任。你不要凑这个热闹。人家不编的，你编。"本套丛书大多是散文。对季先生的散文，方家评论多矣，我这里只引用林江东的评语——"季先生散文的特点是：在朴实中蕴含着优美，在静穆中饱含着热情，在飘逸秀丽中不失遒劲和锋刃，在淳朴亲切的娓娓道来中给人以强烈的震撼，在诙谐隽永的语言中蕴含着深刻的人生哲理，在行云流水般的字里行间凸显先生的人格魅力。"我认为此言不虚，读季先生的散文，确实是一种美的享受。

季羡林先生是著名翻译家，他的译著在三十卷《季羡林全集》中占三分之一。1994 年初，中国工人出版社出版了一本季羡林译著自选集。季羡林为这本《沙恭达罗——中国翻译名家自选集·季羡林卷》写了篇小引，提出了一个十分重要的原则，"不改少作，意在存真"。他说："除了明显的错误或者错排，其余的我一概不加改动，意在存真，给历史留下些真实的影子。有的作家到了老年拼命改动自己青年和中年时代的文章，好像一个老年人想借助美容院之力把自己修饰得返老还童。我认为此举不足取。"季羡林先生是这样说的，也是这样做的。他的《清华园日记》和早年许多著述，都是以本来面目示人。令人欣喜的是，本套丛书的编者，严格遵循作者的本意，不辞辛劳追根溯源，坚决剔除某些版本的不当修饰，奉献给读者的是季先生的原玉。

季羡林先生走了，留给我们丰厚的精神遗产。印刷机轰鸣，指示灯闪烁，一套新书很快就要和读者见面了。这套书里的文章是季先生亲自挑选，出版社精心打造的；是值得认真品读，值得珍藏，传诸后世的。季羡林说："我的工作主要是爬格子。几十年来，我已经爬出了上千万的字。这些东西都值得爬吗？我认为是值得的。我爬出的东西不见得都是精金粹玉，都是甘露醍醐，吃了能让人升天成仙，但是其中绝没有毒药，绝没有假冒伪劣，读了以后至少能让人获得点享受，能让人爱国、爱乡、爱人类、爱自然、爱儿童，爱一切美好的东西。总之一句话，能让人在精神境界中有所收益。"

季羡林被评为"感动中国"2006年度人物，评委们称赞他是"中国现代知识分子的一面旗帜和榜样"。他是如何做到的呢？在人生的最后岁月，季羡林考虑最多的是和谐。他对《人民日报》的记者说："要想达到个人和谐的境界，需要具备两个条件，良知和良能。知是认识，能是本领。良知是基础，良能是保障，两者缺一不可。知行合一，天人合一，方能和谐。良知是什么？概括起来就是八个字——爱国、孝亲、尊师、重友，这在中国传统文化中都有。一个人如果做到了这一点，就可以说他是个人和谐了，而每一个人都和谐了，那整个社会也就和谐了。"至于良能是什么，季羡林没有说。窃以为，从事不同的行业，良能当各有特色。而对学者与教师而言，季羡林为聊城大学题写的校训"敬业、博学、求实、创新"似可概括。良知和良能的完美结合，季羡林不仅是倡导者，而且是模范的实践者。限于篇幅，我不能展开讲，只能扼要说说。

说到爱国，这是中国知识分子的传统。季羡林先生提倡的爱国，是具有世界眼光的爱国，是和国际主义相统一的爱国，不是义和团式的"爱国"。那样的"爱国"其实是害国。1931年"九一八"事变后，20岁的季羡林和清华同学躺在铁轨上拦火车，去南京请愿要求政府出兵抗日；1942年，德国当局承认汪伪政权，季羡林和张维等留学生坚决反对汉奸政府，他们不顾生死，宣布自己"无国籍"；朝鲜战争爆发后，他积极签名，捐献稿费支援抗美援朝。他的爱国，更多表现在实际工作中，融汇在本职岗位的敬业里。20世纪80年代，他担任中国敦煌吐鲁番学会会长，针对"敦煌在中国，敦煌学在日本"的说法，响亮地提出"敦煌在中国，敦煌学在世界"的口号，带领我国敦煌学者与国际学术界密切合作开展敦煌学研究，取得了骄人的业绩，他本人更是在耄耋之年学术冲刺，完成了《糖史》和《吐火罗文A(焉耆文)〈弥勒会见记剧本〉译释》两部顶尖的科学巨著，为祖国争得了荣誉。季羡林的爱国，还表现在他深谙"天下兴亡，匹夫有责"的道理，针对那场给国家民族带来巨大灾难的十年浩劫，他主张总结亿金难买的深刻教训，绝不允许悲剧重演。他用自己的切身经历，和着血和泪写成《牛棚杂忆》，一时令"洛阳纸贵"。他还发出振聋发聩的四问，不仅震撼国人心灵，而且展现了一个有良知者对祖国的拳拳赤子之心。

季羡林提倡尊师，是以爱生为前提的。作为北京大学的资深教授，季羡林对学生如亲人，他为新生看行李的故事，几乎尽人皆知。我再说几件不那么家喻户晓的事。1964年新生入学，季羡林到男生宿舍看望新生，他看见盥洗室水槽里放着几个瓦盆，就问："怎么把尿盆放在这里？"我怯怯地说了句："不是尿盆。"季先生没有再说什么，第二天，系学生会通知：季先生自掏腰包买了二十个搪瓷脸盆，没有脸盆的同学可以来领。我虽然没有去领盆，但心里暖暖的。1980年海淀区人民代表选举，中文系一名女学生自荐参加竞选，结果代表没有选上，反遭大字报围攻。季副校长知道这名同学承受着巨大压力，吩咐身边工作人员暗中呵护，以免发生不测。1985年新生入学，一位从广东农村来的同学没有带被褥和棉衣，季先生发动老师们为他捐钱捐布票置办被褥，还找出自己的旧棉袄给他御寒。同学们都知道，季先生学问好，人更好，所以他深受学生的爱戴和崇敬。

季羡林先生为学为人都达到了很高的境界，绝非偶然。我们读他怀念师友的文章，可清楚地发现，他从恩师陈寅恪、汤用彤、胡适和瓦尔德施米特、西克、哈隆身上传承了什么，还有鞠思敏、王寿彭、胡也频、董秋芳、吴宓、朱光潜等对他的影响和帮助，原来他是站在大师的肩膀上啊！

读季先生的书，不难看出，他一生走过曲折的路。回国后的三十多年，他是在战争和一个接一个的运动中度过的。在极左乌云压城的时候，运动来了，他不停地检讨自己"智育第一、业务至上"的"修正主义"，运动一过，就"死不悔改、我行我素"。有人会说，这是典型的"人格分裂"。我认为不是。中国的知识分子，像陈寅恪那样始终清醒的是凤毛麟角。大多数人都与季羡林遭遇类似。我们要听其言，观其行。在高压下违心或诚心地检讨是"言"，是为了"过关"。而其行，坚持"死不悔改"，坚持业务至上，坚持教书育人，才是其良知使然。而且，季羡林死守一条底线，就是只检查自己，决不攻击他人，这才是更加难能可贵的。

不仅仅如此，有人问他，一生最敬佩什么人？他回答是彭德怀和梁漱溟，由此不难窥见他的风骨。季羡林晚年，致力于中华优秀传统文化的发掘和传承，他曾多次与人讨论"侠"和"士"的问题，可惜没有来得及写成文章。这样的文章只能由后人来写了。我相信我们这个伟大民族，一定能够出现越来越多造福人类的国侠和国士。

以上体会尽管浅陋，但是我的肺腑之言。遵照季先生吩咐，"假话全不说，真话不全说"，就此打住。我想重复一句季先生对我耳提面命的话，作为这篇序的结尾："记住，书好不好，读者说了算。"

2023年7月30日

于北京大兴

（梁志刚，季羡林的学生，《季羡林大传》作者）

目　录

1

第一辑　国学漫谈

1998 年 3 月，季羡林先生在政协座谈会上发言

国学漫谈

　　《国学，在燕园又悄然兴起》^①一文，在国内外一部分人中引起了轰动。据我个人看到的国内一些报纸和香港的报纸，据我收到的一些读者来信看，读者们是热诚赞成文章的精神的。

　　想要具体的例证，那可以说是俯拾即是。前不久，我曾就东方文化和国学作过一次报告。一位青年同志写了一篇"侧记"，叙述这一次报告的情况^②。读者如有兴趣，可以参阅。我因为是当事人，有独特的感触，所以不避啰唆之嫌，在这里对那天的情况再讲上几句。

　　那是一个阴雨连绵的晚间，天气已颇有寒意。报告定在晚上 7 时。我毫无自信，事先劝同学们找一个不太大的教室，

---

① 作者为毕全忠，载于《人民日报》1993 年 8 月 16 日第三版。
② 王之昉《高屋建瓴启迪后人》，《人民日报》1993 年 12 月 1 日第三版。

能容下 100 人就行了。我是有私心的，害怕人少，讲者孑然坐在讲台上，面子不好看。然而他们坚持找电教大楼的报告大厅，能容下 400 人。完全出我意料，不但座无虚席，而且还有不少人站在那里，或坐在台阶上，都在静静地谛听，整个大厅里鸦雀无声。我这个年届耄耋的世故老人，内心里十分激动，眼泪在眼睛里打转。据说，有人五点半就去占了座位。面对这样一群英姿勃发的青年，我心里一阵阵热浪翻滚，笔墨语言都是形容不出来的。

海外不是有一些人纷纷扬扬，说北大学生不念书，很难对付吗？上面这现象又怎样解释呢？

人世间有果必有因。上面说的这种情况也必有其原因。我经过思考，想用两句话来回答：顺乎人心，应乎潮流。

我们中华民族拥有 5000 年的光辉灿烂的文化，对人类作出了卓越的贡献。很难想象，世界上如果缺少了中华文化会是一个什么样子。前几年，弘扬中华优秀文化的号召一经提出，立即受到了国内外炎黄子孙的热烈拥护。原因何在呢？这个号召说到了人们的心坎上。弘扬什么呢？怎样来弘扬呢？这就需要认真地研究。我们的文化五色杂陈，头绪万端。我们要像韩愈说的那样："沉浸醲郁，含英咀华。"经过这样细细品味、认真分析的工作，把其中的精华寻找出来，然后结合具体情况，从而发扬光大之，期有利于中国人民和世界人民的前进与发展。

"国学"就是专门做这件工作的一门学问。旧版《辞源》上说："国学，一国所固有之学术也。"话虽简短朴实，然而却说到了点子上。七八十年以来，这个名词已为大家所接受。除了"脑袋里有一只鸟"的人（借用德国现成的话），大概不会再就这个名词吹毛求疵。如果有人有兴趣有工夫去探讨这个词儿的来源，那是他自己的事，我无权反对。

国学绝不是"发思古之幽情"。表面上它是研究过去的文化的，因此过去有一些学者使用"国故"这样一个词儿。但是，实际上，它既与过去有密切联系，又与现在甚至将来有密切联系。现在我们不是都谈建设有中国特色的社会主义吗？什么叫"特色"？特色表现在什么地方？我曾反复思考过这个问题。我觉得，科技对我们国家建设来说，对发展生产力来说，是非常重要的，万万不能缺少的。但是，科技却很难表现出什么特色。你就是在原子能、电脑、宇宙飞船等尖端科技方面，有突出的成就，超过了世界先进国家，同其他国家比较起来，也只能是程度的差别，是水平的差别，谈不到什么特色。我姑且称这些东西为"硬件"。硬件的本质都是一样的，没有什么特色可言。

特色最容易表现在精神文化方面，我姑且称之为"软件"，哲学、宗教、文学、艺术、伦理、道德、经营、管理等都属于这个范畴。这些东西也是能够交流的，所谓"固有"并不排除交流，这个道理属于常识范围。以上这些学问基本上都保留在我们所说的"国学"中。其中有不少的东西可以说是中华文化、中华智慧的结晶，直至今日，不但对中国人发挥影响，它的光辉也照到了国外去。最近听一位国家教委的领导说，他在新德里时亲耳听到印度总统引用中国《管子》关于"十年树木，百年树人"的话。在巴基斯坦他也听到巴基斯坦总理引用中国古书中的话。足证中华智慧已深入世界人民之心。这是我们中国人应该感到骄傲的。所有这一些中国智慧都明白无误地表露了中国的特色。它产生于中国的过去，却影响了中国和世界的今天，连将来也会受到影响。事实已经证明，连外国人都会承认这一点的。

国学的作用还不就到此为止，它还能激发我们整个中华民族的爱国热情。"爱国主义"是一个好词儿，没有听到有人反对过。但是，我总觉得，爱国主义有真伪之分。在历史上，被压迫被侵略的民族，为了自己的生存与尊严，不惜洒热血、抛头颅，奋抗顽敌，伸张正义。这是真爱国主义。反之，压迫人侵略别人的民族，有时候也高呼爱国主义，然而却不惜灭绝别的民族。这样的"爱国主义"是欺骗自己人民的口号，是蒙蔽别国人民的幌子。它实际上是极端民族沙文主义的遮羞布。例子不用举太远的，近代的德、意、日法西斯主义就是这一类货色。这是伪爱国主义。

中国的爱国主义怎样呢？它在主体上是属于真爱国主义范畴的。有历史为证，不管我们在漫长的封建时期内，"天朝大国"的口号喊得多么响，事实上我国始终有外来的侵略者，主要来自北方，先后有匈奴、突厥、辽、金、蒙、满，等等。今天，这些民族基本上都成了中华民族的组成部分；但在当时只能说是敌对者，我们不能否定历史的本来面目。在历史上，连一些雄才大略的开国君主也难以逃避耻辱。刘邦曾被困于平城，李渊曾称臣于突厥，这是最明显的例子。我们也不能说，中国过去没有主动地侵略别人过，这情况也是有过的，但不是主流，主流是中国始终受到外来的威胁。正是由于这个原因，我们中国人民敬仰、歌颂许多爱国者，岳飞、文天祥、史可法，等等都是。一直到今天，爱国主义，真正的爱国主义，始终左右我们民族的心灵。我常说，北京大学的优良传统之一，就是爱国主义，我这说法得到了许多人的赞同。探讨和分析中国爱国主义的来龙去脉，弘扬爱国主义思想，激发爱国主义热情，是我们今天"国学"的重要任务。国学的任务可能还可以举出一些来，以上三大项，我认为，已充分说明其重要性了。我上面说到"顺乎人心，应乎潮流"。我现在所谈的就是"人心"，就是"潮流"。我没有可能对所有的人都调查一番。我所说的"人心"，可能有点局限。但是，一滴水中可以见宇宙，从燕园来推测全国，不见得没有基础。我最近颇接触了一些青年学生。我发现，他们是很肯动脑筋的一代新人。有几个人告诉我，他们感到迷惘。这并不是坏事，这说明他们正在那里寻觅祛除迷惘的东西，正在那里动脑筋。他们成立了许多社团，有的名称极怪，什么"吠陀"，什么禅学，这一类名词都用上了。也许正在燕园悄然兴起的"国学"，正投了他们之所好，顺了他们的心。否则怎样来解释我在本文开头时说的那种情况呢？中国古话说："得道多助，失道寡助。"顺应人心和潮流的就是"道"。

但是，正如对人世间的万事万物一样，对国学也有不同的看法。提倡国学要有点勇气，这话是我说出来的。在我心中主要指的是以"十年浩劫"为代表的那一股极左思潮。我可万万没有想到，今天半路上竟杀出来了一个程咬金，在小报上写文章嘲讽国学研究，大扣帽子。不知国学究竟于他何害，我百思不得其解。无独有偶，北师大古籍研究所编纂《全元文》，按说这工作有百利而无一弊，然而竟也有人想全面否定。我觉得，有这些不同意见也无妨。国学，弘扬中华优秀文化，既然是顺乎人心、应乎潮流的事业，必然会发展下去的。

1993年12月24日

国学应该是"大国学"

　　现在国学特别热，但是年轻人对国学的概念比较模糊，不太清楚。那么，什么是"国学"呢？简单地说，"国"就是中国，"国学"就是中国的学问，传统文化就是国学。

　　现在对传统文化的理解歧义很大。按我的观点，国学应该是"大国学"的范围，不是狭义的国学。

　　既然这样，那么国内各地域文化和56个民族的文化，就都包括在"国学"的范围之内。地域文化和民族文化有各种不同的表现形式，但又共同构成中国文化这一文化共同体。举个例子，比如齐文化和鲁文化，也不一样。"孝悌忠信"是鲁文化，"礼义廉耻"是齐文化。就是说鲁文化着重讲内心，内在的；齐文化讲外在的，约束人的地方多。"孝悌忠信"是个人伦理的修养；礼义廉耻，就必须用法律来规定，用法律来约束了。鲁国是农业发达，鲁国人就是很本分地在务农。齐国商业化，因为它靠海，所以姜太公到齐国就是以商业来治国。具体的例子，如刻舟求剑，这种提法就是沿海文化的。而"日出而作，日落而息"，恐怕就代表鲁文化了。齐鲁文化互补，是中国传统文化的重要组成部分。但是齐鲁文化以外，还有其他地域文化也很重要。过去光讲黄河是中国文化的中心，我是不同意的，长江文化、其他地域文化其实都应该包括在国学里边。敦煌学也包括在国学里边。

咱们讲文化交流，文化交流有两种形式，一个是输出的，一个是进来的。敦煌是进来的代表，很多文明程度很高的国家文化，都到过敦煌。佛教从国外进来，经过很长时间的演变，形成了有中国特色的中国佛教。敦煌里边有很多内容是佛教的，也有其他文化的，是古代中国吸收外来文化的最后一站，再往下就没了。吐火罗语的《弥勒会见记剧本》，是不是也算国学？当然算，因为吐火罗文最早是在中国新疆发现的。

吐火罗文是中国古代的一种语言，是别的地方没有的。另外，很多人以为国学就是汉族文化。我说中国文化，中国所有的民族都有一份。中国文化是中国 56 个民族共同创造的，这 56 个民族创造的文化都属于国学的范围。而且后来输入中国文化的外来文化，也都属于国学的范围。

我们现在的国学研究还很粗糙，很多应该包括的内容还没有挖掘出来。

历史不断发展，不断地融入，这是没有时间界限的。儒家、道家是传统文化，佛家也是啊，把佛家排除在外，是不对的。

国外中国学研究

　　说老实话，当我最初听到四川外国语学院成立了一个国外中国学研究所的时候，我颇为感到吃惊：怎么还会有这样的组织呢？但是，继而仔细一想，我"顿悟"了：这样的组织不正是过去完全没有人想到过而我们今天却是非常需要的吗？

　　这要从远处讲起。中国学在国际上不是一门新兴学科。大概从西方资本主义殖民主义者，用各种方式，通过多种途径，派人到中国来的时候起，中国学就算是开始存在了，根据我的理解，中国学是一门综合的学科。这些西方人到了中国以后所写的一切东西，不管是哪一行哪一业，都属于中国学的范围。西方这一批人主观动机不同，其中也确实有一些抱着侵略目的而来的，他们对中国的看法必然是戴着有色眼镜的。特别是那一批天主教和耶稣教的传教士，他们多年认为中国是文化不高的民族，甚至是野蛮民族，必须把他们的

"上帝"请了来，传布"福音"，中国才能得救。可是其中也确实有一些人，抱着对中国文化感兴趣的态度，来研究中国文化、中国问题。我们千万不要良莠不分，放在一个锅里煮。

即使是对那些动机不纯的外国研究中国的学者，我们也要有一点辩证的观点。我举一个具体的例子。外国的传教士们喜欢到中国少数民族地区去，比如云南、四川、西藏等地区，都是他们热衷于钻进去的地方。他们的用心是"司马昭之心路人皆知"。然而他们传教以外的一些工作，比如制定新文字、研究当地的民俗等，难道一点积极的作用都没有吗？马克思当年论到英国在印度的统治的时候曾经指出，英国在印度的一切措施，比如修铁路等，其目的无非是想尽快尽多地剥削印度人民。然而其结果却是事与愿违，这些措施带给印度人民科技知识，提高了他们的科技水平和觉悟。这当然绝不是英国殖民统治者所乐意看到的事情。即使外国人怀着偏见谈论我们的缺点，我们也要有点辩证观点。鲁迅先生在《华盖集续集·马上支日记》中写道："我自己想，我对于外国人的指摘本国的缺失，是不很发生反感的。"类似的话，他在别的地方也曾说过。我想，鲁迅的用意无非是想借外国人指摘这一面镜子，照一照我们自己，指摘对的就接受，不对的就拒绝，用不着一听指摘就火冒三丈。

我在上面讲的主要是过去的中国学。那时候，中国要么是封建帝国，要么是半殖民地半封建的东亚病夫，外国人到中国来，对我们总有点蔑视，是不愉快的，但是可以理解的。自从中华人民共和国成立以后，中国人民站起来了，外国人再也不敢小看我们了。所谓中国学和中国学家，据我个人的观察，已经走上了一条同过去有点不同的道路，呈现出过去不可能有的崭新的面貌。他们多半是怀着善良的愿望，从事中国学的研究的。不管是研究宗教哲学，还是研究文学艺术，或是研究语言文字，有的人成绩斐然可观，受到我国学者的赞扬，同中国同行们结下了深厚的友谊。

我绝不敢说，外国的中国学家对中国文化都理解得完全正确，他们的研究工作没有主观隔膜的情况，没有在无意中歪曲的地方。这是不可能的。但是，不管怎样，他们理解对了的，可以供我们参考。由于民族文化传统不同，他们观察问题的角度有时同我们不同。但是，正因为如此，他们往往能看到我们忽略了的东西。即使他们看错了，我们也可以从中吸取一些教训。无论如何，中国两句俗语完全可以用在这里："当局者迷，旁观者清。"

但是，外国的中国学家的作用，还不只限于此。中华民族在世界民族之林的地位越来越高，外国人民对中国友好、渴望了解中国的也越来越多，没有一个媒介，没有一座桥梁，外国人民是难以了解中国的。外国的中国学家就正是这样的媒介，这样的桥梁。他们的工作能促进外国人民同中国人民的友谊，他们在中国人民和世界人民之间架起了一座友谊的金桥。

然而，在过去，我们对外国中国学家的工作太不注意了。有一些人根本不知道什么中国学，有一些学者也漠然置之。这既不利于中外人民友谊的增强，也不利于中国人民对外国的了解。这种情况不能让它再继续下去了。

现在四川外国语学院建立了国外中国学研究所，创办了《国外中国学研究》，真不能不说是目光远大，应该受到我们的最高的赞美。我个人愿意充当一个马前小卒，为各位先知先觉摇旗呐喊，共同推进这一项非常有意义的事业。

是为前言。

1987年4月1日

（本文原文为《国外中国学研究》前言）

中国文化的内涵

　　我曾经把文化分为两类：狭义的文化和广义的文化。狭义指的是哲学、宗教、文学、艺术、政治、经济、伦理、道德等。广义指的是包括精神文明和物质文明所创造的一切东西，连汽车、飞机等当然都包括在内。

　　周一良先生曾把文化分为三个层次：狭义的、广义的、深义的。前二者用不着再细加讨论。对于第三者，深义的文化，周先生有自己的看法。他说：

　　　　在狭义文化的某几个不同领域，或者在狭义和广义文化的某些互不相干的领域中，进一步综合、概括、集中、提炼、抽象、升华，得出一种较普遍地存在于这许多领域中的共同东西。这种东西可以称为深义的文化，亦即一个民族文化中最为本质或最具有特征的东西。[①]

---

① 周一良：《中日文化关系史论》，江西人民出版社1990年

他举日本文化为例。他认为日本深义的文化的特质是"苦涩""闲寂"。具体表现是简单、质朴、纤细、含蓄、古雅、引而不发、不事雕饰等。周先生的论述和观察，是很有启发性的。我觉得，他列举的这一些现象基本上都属于民族心理状态或者心理素质，以及生活情趣的范畴。

把这个观察应用到中华民族文化上，会得到什么结果呢？我不想从民族心态上来探索，我想换一个角度，同样也能显示出中华文化的深层结构或者内涵。

在这个问题上，寅恪先生实际上已先我着鞭。在《王观堂先生挽词·序》中，寅恪先生写道：

> 吾中国文化之定义，具于《白虎通》三纲六纪之说，其意义为抽象理想最高之境，犹希腊柏拉图所谓 Idea 者。

我觉得，这是非常精辟的见解。在下面谈一下我自己的一些想法。

中国哲学同外国哲学不同之处极多，其中最主要的差别之一就是，中国哲学喜欢谈论知行问题。我想按照知和行两个范畴，把中国文化分为两部分：一部分是认识、理解、欣赏等，这属于知的范畴；一部分是纲纪伦常、社会道德等，这属于行的范畴。这两部分合起来，形成了中国文化。在这两部分的后面存在着一个最为本质、最具有特征的、深义的中华文化。

寅恪先生论中国思想史时指出：

> 南北朝时，即有儒释道三教之目。（中略）故自晋至今，言中

_____

版，第18页。

国之思想，可以儒释道三教代表之。此虽通俗之谈，然稽之旧史之事实，验以今世之人情，则三教之说，要为不易之论。（中略）故二千年来华夏民族所受儒家学说之影响，最深最巨者，实在制度法律公私生活之方面，而关于学说思想之方面，或转有不如佛道二教者。[①]（《金明馆丛书》二编，第250—251页）

事实正是这个样子。对中国思想史仔细分析，衡之以我上面所说的中国文化二分说，则不难发现，在行的方面产生影响的主要是儒家，而在知的方面起决定作用的则是佛道二家。潜存于这二者背后那一个最具中国特色的深义文化，是"三纲六纪"等伦理道德方面的东西。

专就佛教而言，它的学说与实践也有知行两个方面。原始佛教最根本的教义，如无常、无我、苦，以及十二因缘等，都属于知的方面。八正道、四圣谛等，则介于知行之间，其中既有知的因素，也有行的成分。与知密切联系的行，比如修行、膜拜，以及涅槃、跳出轮回，则完全没有伦理的色彩。传到中国以后，它那种无父无君的主张，与中国的三纲六纪等，完全是对立的东西。在与中国文化的剧烈撞击中，佛教如果不能适应现实情况，必然不能在中国立定脚跟。于是佛教只能做出某一些伪装，以求得生存。早期佛典中有些地方特别强调"孝"字，就是歪曲原文含义以适应中国具有浓厚纲纪色彩文化的要求。由此也可见中国深义文化力量之大，之不可抗御了。

这一点，中国不少学者是感觉到了的。我只举几个例子。这些例子全出于《论中国传统文化》，中国文化书院讲演录第一集。

梁漱溟先生说：

---

① 《金明馆丛稿二编·冯友兰中国哲学史下册审查报告》，上海古籍出版社1982年版，第250-251页。

中国人把文化的重点放在人伦关系上，解决人与人之间怎样相处。①

冯友兰先生说：

基督教文化重的是天，讲的是"天学"；佛教讲的大部分是人死后的事，如地狱、轮回等，这是"鬼学"，讲的是鬼；中国的文化讲的是"人学"，着重的是人。②

庞朴先生说：

假如说希腊人注意人与物的关系，中东地区则注意人与神的关系，而中国是注意人与人的关系，我们的文化的特点是更多地考虑社会问题，非常重视现实的人生。③

这些意见都是非常正确的。事实上，孔子就是这种意见的代表者。"子不语怪、力、乱、神"，就是证明。他自己还说过："未知生，焉知死。"

国外一些眼光敏锐的思想家也早已看到了这一点，比如德国最伟大的诗人歌德，就是其中之一。1827 年 1 月 29 日同爱克曼谈"中国的传奇"时，他说：

中国人在思想、行为和情感方面几乎和我们一样，使我们很快

---

① 《论中国传统文化》，三联书店 1988 年版，第 137 页。
② 《论中国传统文化》，三联书店 1988 年版，第 140 页。
③ 《论中国传统文化》，三联书店 1988 年版，第 75 页。

就感到他们是我们的同类人，只是在他们那里一切都比我们这里更明朗，更纯洁，也更合乎道德。（中略）还有许多典故都涉及道德和礼仪。正是这种在一切方面保持严格的节制，使得中国维持到几千年之久，而且还会长存下去。[①]

连在审美心理方面，中国人、中国思想、中国文化都有其特点。日本学者岩山三郎说：

> 西方人看重美，中国人看重品。西方人喜欢玫瑰，因为它看起来美，中国人喜欢兰竹，并不是因为它们看起来美，而是因为它们有品。它们是人格的象征，是某种精神的表现。这种看重品的美学思想，是中国精神价值的表现，这样的精神价值是高贵的。（引自蒋孔阳《中国古代美学思想与西方美学思想的比较》）

我在上面的论述，只是想说明一点：中国文化同世界其他国家的文化，既然同为文化，必然有其共性。我在这里想强调的却是它的特性。我认为，中国文化的特性最明显地表现在或者可以称为深义的文化上，这就是它的伦理色彩，它所张扬的三纲六纪，以及解决人与人之间的关系的精神。

1990年

（本文节选自季羡林《陈寅恪先生百年诞辰纪念论文集》序）

---

① 《歌德谈话录》，朱光潜译，人民文学出版社1978年版，第110页。

从宏观上看中国文化

　　最近几年，在全国范围内，掀起了一股"文化热"的高潮。这是完全可以理解的。我们国家的社会主义建设发展到了今天这个地步，在接受几十年来的经验和教训的基础上，大家都认识到，文化建设的任务已经提到议事日程上来了。我想大家都会同意，人类历史上任何社会，都不能专靠科技来支撑，物质文明与精神文明同步建设。我们今天的社会也绝不能是例外。

　　在众多的讨论中国传统文化与现代化问题的论文和专著中，有很多很精彩的具有独创性的意见。我从中学习了不少非常有用的东西。我在这里不详细去叙述。我只有一个感觉，这就是，讨论中国文化，往往就眼前论眼前，从几千年的历史上进行细致深刻的探讨不够，从全世界范围内进行最广阔的宏观探讨更不够。我个人觉得，探讨中国文化问题，不能只局限于我们生活于其中的这几十年、近百年，也不能局限于我们居住于其中的 960 万平方公里。我们必须上下数千年，纵横数万里，目光远大，胸襟开阔，才能更清楚地看到问题的全貌，而不至于陷入井蛙的地步，不能自拔。总之，我们要从历史上和地理上扩大我们的视野，才能探骊得珠。

我们眼前的情况怎样呢？从 19 世纪末叶以来，我们就走了西化的道路。当然，西化的开始还可以更往前追溯，一直追溯到明末清初。但那时规模极小，也没有向西方学习的意识，所以我不采取那个说法，只说从 19 世纪末叶开始。从中国社会发展的需要来看，从全世界文化交流的规律来看，这都是不可避免的。近几百年以来，西方文化，也就是资本主义文化，垄断了世界。资本主义统一世界市场的形成，把世界上一切国家都或先或后地吸收过去。这影响表现在各个方面。不但在政治、经济方面到处都打上了西方的印记，在文学方面也形成了"世界文学"，从文学创作的形式上统一了全世界。在科学、技术、哲学、艺术等方面，莫不皆然。中国从前清末叶到现在，中间经历了许多惊涛骇浪，帝国统治、辛亥革命、洪宪窃国、军阀混战、国民党统治、抗日战争、解放战争，一直到中华人民共和国建立后的社会主义初级阶段，我们西化的程度日趋深入。到了今天，我们的衣、食、住、行，从头到脚，从里到外，试问哪一件没有西化？我们中国固有的东西究竟还留下了多少？我看，除了我们的一部分思想感情以外，我们真可以说是"全盘西化"了。

我并不认为这是一件坏事。我认为，这是一件天大的好事。无论如何，这是一件不可抗御的事。我一不发思古之幽情，二不想效法九斤老太；对中国自然经济的遭到破坏，对中国小手工业生产方式的消失，我并不如丧考妣，惶惶不可终日。我认为，有几千年古老文明的中国，如果还想存在下去，就必须跟上世界潮流，绝不能让时代潮流甩在后面。这一点，我想是绝大多数的中国有识之士所共同承认的。

但是，事情还有它的另外一面，它也带来了不良后果。这最突出地表现在一些人的心理上。在解放前，侨居上海的帝国主义者在公园里竖上木牌，上面写着："华人与狗不许入内。"这是外来的侵略者对我们中华民族的污辱。这是容易理解的。但是，解放以后，我们号称已经站起来了，然而崇洋媚外的心理并未消失。古已有之，于今为烈。这是十分令人痛心的事。50年代曾批判过一阵这种思想，好像也并没有收到预期的效果。到了十年浩劫，以"四人帮"为首的一帮人，批崇洋媚外，调门最高，态度最"积极"。在国外读过书的知识分子，几乎都被戴上了这顶帽子。然而，实际上真正崇洋媚外的正是"四人帮"及其爪牙自己。现在，"四人帮"垮台已经十多年了，社会上崇洋媚外的风气，有增无减。有时简直令人感到，此风已经病入膏肓。贾桂似的人物到处可见。多么爱国的人士也无法否认这一点。有识之士怃然忧之。这种接近变态的媚外心理，我无论如何也难以理解。凡是外国的东西都好，凡是外国人都值得尊敬，这是一种反常的心理状态。中国烹调享誉世界。有一些外国食品本来并不怎么样；但是，一旦标明是舶来品，立即声价十倍，某一些味觉顿经改造的人们，蜂拥而至，争先恐后。连一些外国朋友都大惑不解，只有频频摇头。

在这样的情况下，要来谈中国文化，真正是戛戛乎难矣哉。在严重地甚至病态地贬低自己文化的氛围中，人们有意无意地抬高西方文化，认为自己一无是处，只有外来的和尚才会念经。这样怎么能够客观而公允地评价中国文化呢？我的意思并不是要说，要评价中国文化，就必须贬低西方文化。西方文化确有它的优越之处。19世纪后半叶，中国人之所以努力学习西方，是震于西方的船坚炮利。在以后的将近一百年中，我们逐渐发现，西方不仅是船坚炮利，在精神文明和物质文明方面，他们都有许多令人惊异的东西。想振兴中华，必须学习西方，这是毫无疑问的。20年代，就有人提出了"全盘西化"的口号。今天还有不少人有这种提法或者类似的提法。我觉得，提这个口号的人动机是不完全一样的。有的人出于忧国忧民的热忱，其用心良苦，我自谓能充分理解。但也可能有人别有用心。这问题我在这里不详细讨论。我只想指出，人类历史证明，全盘西化（或者任何什么化）理论上讲不通，事实上办不到。但这并不影响我们向西方学习。我们必须向西方学习，今天要学习，明天仍然要学习，这是绝不能改变的。如果我们故步自封，回到老祖宗走过的道路上去，那将是非常危险的。

但是，我始终认为，评价中国文化，探讨向西方文化学习这样的大问题，正如我在上面已经讲过的那样，必须把眼光放远，必须把全人类的历史发展放在眼中，更必须特别重视人类文化交流的历史。只有这样，才能做到公允和客观。我是主张人类文化产生多元论的。人类文化绝不是哪一个国家或民族单独创造出来的。法西斯分子有过这种论调，他们是别有用心的。从人类几千年的历史来看，民族和国家，不论大小，都或多或少地对人类文化宝库做出了自己的贡献。这恐怕是一个历史事实，是无法否认掉的。同样不可否认的事实是，每一个民族或国家的贡献又不完全一样。有的民族或国家的文化对周围的民族或国家产生了比较大的影响，积之既久，形成了一个文化圈或文化体系。根据我个人的看法，人类自从有历史以来，总共形成了四个大文化圈：古希腊、罗马一直到近代欧美的文化圈，从古希伯来起一直到伊斯兰国家的闪族文化圈，印度文化圈和中国文化圈。在这四个文化圈内各有一个主导的、影响大的文化，同时各个民族或国家又是互相学习的。在各个文化圈之间也是一个互相学习的关系。这种相互学习就是我们平常所说的文化交流。我们可以毫不夸大地说，文化交流促进了人类文化的发展，推动了社会前进。

倘若我们从更大的宏观来探讨，我们就能发现，这四个文化圈又可以分为两大文化体系：第一个文化圈构成了西方大文化体系；第二、

三、四个文化圈构成了东方大文化体系。"东方"在这里既是地理概念，又是政治概念，即所谓第三世界。这两大文化体系之间的关系也是互相学习的关系。仅就目前来看，统治世界的是西方文化。但是从历史上来看，二者的关系是三十年河东，三十年河西。

人类历史上曾出现过许多文化，欧洲史学家早有这个观点，最著名的代表是英国历史学家汤因比。他在他的巨著《历史研究》①里，从世界历史全局出发，共发现了 21 个或 23 个文化（汤因比称之为社会或者文明）：西方社会、东正教社会（又可以分为拜占庭和俄罗斯两个东正教）、伊朗社会、阿拉伯社会、印度社会、远东社会（又可以分为中国和朝鲜、日本两部分）、古希腊社会、叙利亚社会、古印度社会、古代中国社会、米诺斯社会、印度河流域社会、苏末社会、赫梯社会、巴比伦社会、埃及社会、安第斯社会、墨西哥社会、尤卡坦社会、马雅社会、黄河流域古代中国文明以前的商代社会②。

汤因比明确反对只有一个社会——西方社会这一种文明统一的理论。他认为这是"误入歧途"，是一个"错误"。虽然世界各地的经济和政治的面貌都已经西化了，其他的社会（文明）大体上仍然维持着本来的面目。文明的河流不止西方这一条③。

汤因比在本书的许多地方，另外在自己其他著作，比如《文明经受着考验》④中，提出了一个观点：文明发展有四步骤：起源、生长、衰落、解体。在《文明经受着考验》10-11 页，他提到了德国学者斯宾格

---

① 索麦维尔节录，曹未风等译，上、中、下三册，上海人民出版社，1986年重印。

② 汤因比：《历史研究》，索麦维尔节录，曹未风等译，上海人民出版社，1986 年重印本，上册，第 43 页。

③ 汤因比：《历史研究》，索麦维尔节录，曹未风等译，上海人民出版社，1986 年重印本，上册，第 45-48 页。

④ 沈辉等译，浙江人民出版社 1988 年版。

勒的名著《西方的沉落》，对此书给了很高的评价，也提到了斯宾格勒思想方法的局限性。在《历史研究》的结尾处，429-430页，他写道：

> 当作者进行他的广泛研究时发现他所搜集到的各种文明大多数显然已经是死亡了的时候，他不得不作出这样的推论：死亡确是每个文明所面对着的一种可能性，作者本身所隶属的文明也不例外。

他对每一个文明都不能万岁的看法是再明确不过的了。

了解了我在上面谈到的这些情况，现在再来看中国文化，我们的眼光就比以前开阔多了。在过去相当长的历史时期内，中国文化对世界文化的发展产生了影响，这是我们的骄傲，这也是一个历史事实。汤因比对此也有所论述，他对中国过去的文化有很好的评价。但是，到了后来，我们为什么忽然不行了呢？为什么现在竟会出现这样崇洋媚外的思想呢？为什么西方某一些人士也瞧不起我们呢？我觉得，在这里，我们自己和西方一些人士，都缺少历史的眼光。我们自己应该避免两个极端：一不能躺在光荣的历史上，成为今天的阿Q；二不能只看目前的情况，成为今天的贾桂。西方人应该力避一个极端，认为中国什么都不行，自己什么都行，自己是天之骄子，从开天辟地以来就是如此，将来也会永远如此。

那么，我们应该怎么办呢？我们东西双方都要从历史和地理两个方面的宏观上来看待中国文化，绝不能囿于成见，鼠目寸光，只见片段，不见全体；只看现在，不看过去，也不看未来。中国文化，在西方人士眼中，并非只有一个看法，只有一种评价。汉唐盛世我不去讲它了，只谈十六七世纪以后的情况，也就能给我们许多启发。这一段时间，在中国是从明末到清初，在欧洲约略相当于所谓"启蒙时期"。在这期间，中国一方面开始向西方学习；另一方面，中国的文化也大量西传。关于这个问题，中西双方都有大量的记载，我没有可能，也没有必要一一加以征引。方豪在他的《中西交通史》①中有比较详细而扼要的介绍。我在下面利用他的资料介绍一下在这期间中国文化流向西方的情况。

中国经籍之西传

四书、五经在中国历史上有至高无上的权威。如果中国经籍西传，首当其冲的理所当然就是这些书。明朝万历二十一年（1593年），利玛窦将四书译为拉丁文，寄还本国。天启六年（1626年），比人金尼阁将五经译为拉丁文，在杭州刊印。到了清朝，殷铎泽与郭纳爵合译《大学》为拉丁文，康熙元年（1662年）刻于建昌。殷氏又将《中庸》译为拉丁文，于康熙六年（1667年）和康熙八年（1669年）分别刻于广州及印度果阿。《论语》之最早译本亦出殷、郭二人之手，亦为拉丁文。康熙二十年（1681年），比教士柏应理返回欧洲。康熙二十六年（1687年）在巴黎发刊其著作《中国之哲学家孔子》。中文标题虽为《西文四书解》，但未译《孟子》，名实实不相符。康熙二十六年（1687年），奥国教士白乃心用意大利文写的《中国杂记》出版。康熙五十年（1711年），布拉格大学图书馆出版卫方济用拉丁文翻译的四书及《孝经》《幼学》，1783年至1786年译为法文。卫氏又以拉丁文著《中国哲学》，与上书同时同地刊出。白晋著有拉丁文《易经大意》，未刊。康熙四十年（1701年），白晋自北京致书德国大哲学家莱布尼茨，讨论中国哲学及礼俗。现在梵蒂冈图书馆中尚藏有西士研究《易经》之华文稿本十四种，宋君荣曾译《书经》，刘应译《礼记》

---

① 华冈出版有限公司，1977年版，第五册，《明清之际中西文化交流史》（下）。

的一部分。康熙末年，马若瑟节译《书经》《诗经》。康熙四十六年（1707年），马若瑟自建昌府致函欧洲，讨论儒教。雷孝思参加绘制《皇朝一统舆地全图》，对中国古籍亦有研究。傅圣泽有《道德经评注》，为拉丁文及法文合译稿本。他又用法文译《诗经》。赫苍璧于康熙四十年（1701年）来华，亦曾从事翻译《诗经》。

到了雍正乾隆年间，中籍西译继续进行。宋君荣所译之《书经》于乾隆三十五年（1770年）刊于巴黎。他还研究中国经籍之训诂问题。孙璋为后期来华耶稣会神父中最精通汉学者。他所译拉丁文《诗经》附有注解。他又译有《礼记》，稿成未刊。蒋友仁制作圆明园中的喷水池，为人所艳称。他又深通汉籍，用拉丁文译有《书经》《孟子》等书。乾隆时有一个叫钱德明的人，精通满汉文，译有《盛京赋》，并研究我国古乐及石鼓文等，他是西人中最早研究我国苗族及兵学者。乾隆四十年（1775年）在北京著《华民古远考》，列举《易经》《诗经》《书经》《春秋》及《史记》为证。乾隆四十九年（1784年），又在北京刊印《孔子传》，为钱氏著作中之最佳者。此外，他还有《孔门弟子传略》，以乾隆四十九年（1784年）或次年刊于北京。韩国英译有《大学》及《中庸》，又著有《记中国人之孝道》。韩氏可能是19世纪前西人研究我国经籍的最后一人。他的本行是生物学。

从明末到乾隆年间，中国经籍之西传，情况大体如上。既然传了过去，必然产生影响。有的影响竟与热心翻译中国经书之耶稣会神父的初衷截然相违。我在下面介绍方豪一段话：

介绍中国思想至欧洲者，原为耶稣会士，本在说明彼等发现一最易接受"福音"之园地，以鼓励教士前来中国，并为劝导教徒多为中国教会捐款。不意儒家经书中原理，竟为欧洲哲家取为反对教会之资料。而若辈所介绍之中国康熙年间之安定局面，使同时期欧

洲动荡之政局，相形之下，大见逊色；欧洲人竟以为中国人乃一纯
粹有德性之民族，中国成为若辈理想国家，孔子成为欧洲思想界之
偶像。①

中国俗话说："搬起石头砸自己的脚。"颇与此相类了。

受中国经籍影响的，以法、德两国的哲学家为主，英国稍逊。举其
荦荦大者，则有法国大哲学家笛卡尔等。法国百科全书派也深受中国思
想之影响。在德国方面，启蒙时期的大哲学家斯宾诺莎、莱布尼茨等，
都直接受到了笛卡尔的影响，间接受到中国影响。康德认为，斯宾诺莎
的泛神论完全受的是老子的影响。莱布尼茨 21 岁就受到中国影响。后
与闵明我、白晋订交，直接接受中国思想。1697 年，莱氏的拉丁文著
作《中国近事》出版。他在书中说："在实践哲学方面，欧洲人实不如
中国人。"有人认为，康德的哲学也受了中国哲学的影响，特别宋儒
理学。

中国经籍西传，不但影响了欧洲哲学，而且也影响了欧洲政治。
在德国，莱布尼茨与华尔弗利用中国哲学推动了德国的精神革命。在法
国，思想家们则认为中国哲学为无神论、唯物论与自然主义。这三者实
为法国大革命之哲学基础。百科全书派全力推动革命的发展。法国大
革命实质上是反宗教之哲学革命。法国的启蒙运动，也是以反宗教为开
端。形成这种反宗教的气氛者，归根结底是中国思想传播的结果。法国
大革命前夕，中国趣味在法国以及整个欧洲广泛流行。宫廷与贵族社会
为中国趣味所垄断。而宫廷与贵族又是左右法国政治的集团。则中国趣
味对法国政治之影响，概可想见了。

百科全书派把反宗教和鼓吹革命的思想注入所撰写的百科全书中。

---

① 方豪：《中西交通史》，华冈出版有限公司 1977 年版，第五册，第 197 页。

他们与中国文化有深刻的接触。但因认识中国之渠道不同，对中国的意见也有分歧。孟德斯鸠与卢梭谈的多是欧洲旅客的游记等，对中国遂多有鄙薄之论。荷尔巴旭、服尔德、波勿尔、魁斯奈等①，所读多是耶稣会士之报告或书札，对中国文化多有钦慕之意。孟德斯鸠著《法意》第一卷第一章，给法律下定义，提出"万物自然之理"，主张"有理斯有法"，完全是宋儒思想。服尔德七岁即在耶稣会士主办的学校中受教育，对中国文化无条件地赞赏，在自己的小礼拜堂中，供孔子画像，朝夕礼拜。他认为，孔子所说："仅为极纯粹之道德，不谈奇迹，不涉玄虚。"他说："人类智慧不能获得较中国政治更优良之政治组织。"又说："中国为世界最公正最仁爱之民族。"他还根据《赵氏孤儿》写了一部《中国孤儿》。第德洛对中国有批评意见，但认为中国文化在各民族之上。卢梭承认中国为文明最高古国，但他认为文明并非幸福之表记，中国虽文明，而不免为异族所侵凌，他是"文明否定论者"。中国思想除了影响了上述的哲学家之外，还影响了所谓政治经济学上的"重农学派"。这一学派以自然法代替上帝的功能。他们倡导"中国化"，不遗余力，甚至影响了国王路易十五。英国经济学家亚当·斯密受了法国思想家的影响，在《原富》一书中应用中国材料颇多。

在德国，中国影响同样显著。大文豪歌德是一个突出的代表。哲学家也深受中国思想影响。莱布尼茨、斯宾诺莎，上面已经谈到。其他哲学家，康德、费希特、谢林、黑格尔等，都受了莱布尼茨的影响，也可以说，间接受了中国影响。叔本华哲学中除了有印度成分外，也受了朱子的影响。

---

① 荷尔巴旭，今译作霍尔巴赫；服尔德，今译作伏尔泰；波勿尔，今译作波普尔；魁斯奈，今译作魁奈。

中国美术之西传

随着中国哲学思想之西传，中国美术也传入欧洲。欧洲美术史上的洛可可时代约始于1760年，即乾隆二十五年，至18世纪末而未衰。此时中国美术传入，产生了显著影响。在绘画上重清淡之色彩。在建筑上力避锐角方隅，多用圆角。在文学上则盛行精致的小品。在哲学上采用模棱两可的名词。这与流行于当时的"中国趣味"或"中国风"是分不开的。

中国情趣表现在许多方面，首先是在园林布置方面。欧洲人认为，中国园艺兼有英、法二国之长。他们说，中国园艺匠心独运，崇尚自然，不像欧洲那样整齐呆板。于是中国式的庭园一时流行于欧洲各国，法国、英国、德国等地都出现了中国庭园的模仿物，遗迹至今尚能见到。

中国绘画也传入欧洲，主要是中国的山水画和人物画，在瓷器上表现最为突出。有一些画家也作有中国情趣的绘画，比如孤岛帆影、绿野长桥之类。据说凡·高也学过中国泼墨画。

除了绘画之外，中国用具也流行欧洲。轿顶围的质料与颜色，受到中国影响。中国扇子、镜子传入欧洲。17世纪后半，法国能制绸。中国瓷器西传，更不在话下。同时中国瓷器也受到西洋影响。

明末至清朝乾隆年间中国经籍和美术西传的情况大体上就是这个样子。

我现在举一个说明西方人如何看待中国文化的具体的例子。我想举德国最伟大的诗人歌德，他的一生跨越18、19两个世纪，是非常关键的时期。他在1827年1月31日同爱克曼谈话时说道：

（中国传奇）并不像人们所猜想的那样奇怪。中国人在思想、行为和感情方面几乎和我们一样，使我们很快就感到他们是我们的同类人，只是在他们那里一切都比我们这里更明朗，更纯洁，也更合乎道德。在他们那里，一切都是可以理解的，平易近人的，没有强烈的情欲和飞腾动荡的诗兴……他们还有一个特点，人和大自然是生活在一起的。你经常听到金鱼在池子里跳跃，鸟儿在枝头歌唱不停，白天总是阳光灿烂，夜晚也总是月白风清。月亮是经常谈到的，只是月亮不改变自然风景，它和太阳一样明亮……还有许多典故都涉及道德和礼仪。正是这种在一切方面保持严格的节制，使得中国维持到几千年之久，而且还会长存下去。①

这是歌德晚年说的话，他死于1832年。他死后没有过多少年，欧洲对中国的调子就逐渐改变了。据我个人多年的观察与思考，这与发生在1840年的鸦片战争有关。在这以前，中国这个天朝大国，虽然已经有点破绽百出，但仍然摆出一副纸老虎的架势，吓唬别人，欺骗自己。鸦片战争一下子把这只纸老虎戳破，真相暴露于光天化日之下。西方对中国的政治、经济，进而对中国文化逐渐贬低起来。他们没有历史观点，以为从来就是这个样子，中国从来就没有好过。他们自己的老祖宗所说的一些话和所做的一些事，他们也忘了个一干二净。随着他们科学技术的发展，政治、经济的发展，环顾海内，唯我独尊，气焰万丈了。

第一次世界大战给他们敲了一下警钟。他们之中的有识之士开始反思。于是出了像斯宾格勒《西方的没落》这样发人深思的书，可惜好景不长。到了20年代末30年代初，法西斯思潮抬头，把西方文化，特别是所谓"北方"文化捧上了天，把其他文化贬得一文不值。中国人在法

① 《歌德谈话录》，朱光潜译，人民文学出版社1978年版，第112页。

西斯分子眼中成了劣等民族，更谈不到什么欣赏中国文化了。不久就爆发了第二次世界大战，比第一次大战还要残酷，还要野蛮。这又一次给西方敲了警钟。西方有识之士又一次反思，汤因比可以作为代表。预言已久的第三次世界大战，始终没有爆发。虽然在全球范围内大大小小的战争从未停止过，大家总算是能够和平共处了。到了今天，人类共同的公害，比如人口问题、粮食问题、污染问题、土地问题等，一个个被认识得越来越清楚。两个超级大国似乎也认识到，靠武力征服世界的美梦是不现实的，他们似乎也愿意和平共处了。在这样的情况下，人们要怎样来认识西方文明，怎样来认识东方文明——中国文明，怎样来认识文化交流，就非常值得我们注意了。

　　我在上面提到的英国历史学家汤因比，对中国文化和中国未来的作用有自己的看法。在同日本宗教活动家池田大作的谈话中①，他详细阐述了自己的看法。为了把他的观点介绍得明确而翔实起见，我想在这里多引用他的一些话。汤因比说：

　　　　因此按我的设想，全人类发展到形成单一社会之时，可能就是实现世界统一之日。在原子能时代的今天，这种统一靠武力征服——过去把地球上的广大部分统一起来的传统方法——已经难以做到。同时，我所预见的和平统一，一定是以地理和文化主轴为中心，不断结晶扩大起来的。我预感到这个主轴不在美国、欧洲和苏联，而是在东亚。

　　　　由中国、日本、朝鲜、越南组成的东亚，拥有众多的人口。这些民族的活力、勤奋、勇气、聪明，比世界上任何民族都毫无逊

---

① 《展望二十一世纪——汤因比与池田大作对话录》，苟春生、朱继征、陈国梁译，国际文化出版公司1985年版。

色。无论从地理上看，从具有中国文化和佛教这一共同遗产来看，或者从对外来近代西欧文明不得不妥协这一共同课题来看，他们都是联结在一条纽带上的。并且就中国人来说，几千年来，比世界任何民族都成功地把几亿民众，从政治文化上团结起来。他们显示出这种在政治、文化上统一的本领，具有无与伦比的成功经验。这样的统一正是今天世界的绝对要求。中国人和东亚各民族合作，在被人们认为是不可缺少和不可避免的人类统一的过程中，可能要发挥主导作用，其理由就在这里。

如果我的推测没有错误，估计世界的统一将在和平中实现。这正是原子能时代唯一可行的道路。但是，虽说是中华民族，也并不是在任何时代都是和平的。战国时代和古代希腊以及近代欧洲一样，也有过分裂和抗争。然而到汉朝以后，就放弃了战国时代的好战精神。汉朝的开国皇帝刘邦重新完成中国的统一是远在纪元前二○二年。在这以前，秦始皇的政治统一是靠武力完成的。因此在他死后出现了地方的国家主义复辟这样的反动。汉朝刘邦把中国人的民族感情的平衡，从地方分权主义持久地引向了世界主义。和秦始皇带有蛊惑和专制性的言行相反，他巧妙地运用处世才能完成了这项事业。

将来统一世界的人，就要像中国这位第二个取得更大成功的统一者一样，要具有世界主义思想。同时也要有达到最终目的所需的干练才能。世界统一是避免人类集体自杀之路。在这点上，现在各民族中具有最充分准备的，是两千年来培育了独特思维方法的中华民族。不是在半个旧大陆，而是在人们能够居住或交往的整个地球，必定要实现统一的未来政治家的原始楷模是汉朝的刘邦。这样的政治家是中国人？日本人？还是越南人？或者朝鲜人？

池田说：

> 从两千年来保持统一的历史经验来看，中国有资格成为实现统一世界的新主轴。您这一说法，在考虑今后世界问题时，具有极为重要的启示。①

这两位著名的国际活动家，主要是从历史上和政治上谈论了中国的和世界的未来，其中也涉及文化。他们的意见，我觉得非常值得注意。至于我自己是否完全同意他们的意见，那是一个次要的问题。重要的是，在目前我们国内有那么一小撮人，声嘶力竭地想贬低中国，贬低中国文化，贬低中国的一切，在这样的时候，有像汤因比这样的通晓世界历史发展规律的大学者，说出了这样的意见，至少可以使这些人头脑清醒一下。你不是说月亮是外国的圆吗？你们中间不是有人竟认为中国连月亮都没有吗？现在有外国人来说，中国有月亮，中国的月亮也是圆的，而且圆得更美妙了。这一小撮人不是应该好好地反思一下吗？这一些人也许根本不知道汤因比是何许人。但那没有关系。他们最怕外国人，反正汤因比是外国人，这一点是错不了的。对这些人来说，这一点也就够了。我绝非听了外国人说中国月亮圆而飘飘然忘乎所以，把久已垂下的尾巴又翘了起来。中国的月亮也有阴晴圆缺，并不总是亮而圆的。但这是另一个问题。我们目前当务之急是全面地、实事求是地从最大的宏观上来考虑中国文化在世界上已经起过的作用和将来能够起的作用。在这样的时刻，兼听则明，汤因比和池田大作的意见是值得我们深思的。

① 《展望二十一世纪——汤因比与池田大作对话录》，苟春生、朱继征、陈国梁译，国际文化出版公司 1985 年版，第 294-295 页。

对于人类文明前途的问题，我也曾胡思乱想过一些。我现在想从哲学上或者思想方法上来谈一谈我的想法。西方哲学或者思想方法是分析的，而东方的则是综合的。这两种方法异曲同工，各臻其妙。这已几乎是老生常谈，没有不同的看法。但是，对于分析的前途则恐怕是仁者见仁，智者见智。首先一个问题是：能不能永恒地分析下去？庄子说："一尺之棰，日取其半，万世不竭。"从理论上和逻辑上来讲，这是毫无问题的。但是，对具体的东西的分析，比如说对原子的分析，能不能越分越细，一至万世不竭呢？西方的自然科学走的就是分析的道路。一直到今天，这一条路是走得通的。现在世界上的物质文明就来源于此。这是事实，不容否认。但是，这一条路是否能永远走下去呢？在这里有两种意见：一种认为可以永远走下去，越分析越小，但永不能穷尽；一种认为不行，分析是有尽头的。我自己赞同后一种意见。至于我为什么赞同后者，我认为，这不是一个理论问题，而是一个实践问题。我自己解释不了，我也不相信别人的解释。只有等将来的实践来解答了。

我觉得，目前西方的分析已经走得够远了。虽然还不能说已经到了尽头，但是已经露出了强弩之末的端倪。照目前这样子不断地再分析下去，总有一天会走到分析的尽头。那么怎么办呢？我在上面已经说过，东西两大文化体系的关系从几千年的历史上来看是三十年河东，三十年河西。现在球已经快踢到东方文化的场地上来了。东方的综合可以济西方分析之穷，这就是我的信念。至于济之之方究竟如何，有待于事物（其中包含自然科学）的发展来提供了。

我从宏观上看中国文化，结果就是这样。希望有识之士共同来讨论。

1989年10月25日写完

略说中国传统文化及其特点

　　说在中国传统文化的宝库中，中国传统道德是最重要的一部分内容，这话完全正确。因为从世界各国来看，像中国这样几千年如一日重视伦理道德的还没有第二个国家。什么叫中国传统道德？或者说中国传统道德有哪些内容呢？这个问题很复杂，每个人的回答都可能不一样。我讲讲自己的看法，我想这里面起码应包括这么几部分内容。

　　第一，正如我的老师——清华大学陈寅恪教授曾经说过的，《白虎通》当中的"三纲六纪"是中国文化的精华。什么叫"三纲"呢？就是君臣、父子、夫妇。他讲的当然是君为臣纲，父为子纲，夫为妻纲。这里边有糟粕，如夫妻应该是平等的，怎么男人成了女人的纲了呢？这个我们先不讲它。"六纪"，一是诸父，就是父亲的兄弟姊妹；二是兄弟；三是族人；四是诸舅，就是母亲家的人；五是师长；六是朋友。他说，这"三纲六纪"是中国文化的中心，我看他的话很有道理。因为人类自有社会以来，必然要有一种规则来维系，不然的话社会就会乱七八糟。现在马路上为什么要有交通警？为什么要有红绿灯？这就是一种规则，一种规章制度，要求大学都来遵守，这样社会生活才能进行。要是没有这些规则，社会生活就不能进行。《白虎通》的"三纲六纪"，把当时社会所有的人际关系都规定了。

第二，我们的文化还有一个提法，是我们的特点，就是"格、致、正、诚、修、齐、治、平"。意思就是格物、致知、正心、诚意、修身、齐家、治国、平天下八个步骤。先从自己开始格物，就是了解事物，了解以后致知，把规律找出来，正心、诚意就不用讲了，修身就是修自己，然后齐家，把家治好，然后再治国，治国以后是平天下，就是从个人内心一直到天下。那么，什么叫国，什么叫天下呢？在周代来讲，像齐国、燕国、郑国等国是国，天下则指整个周代的中国。现在像中国、日本叫国，天下就是世界。个人要从内心出发，正心、诚意，一直推到治国、平天下。这套系统的步骤，属于伦理道德范畴，也属于政治范畴，是其他任何国家所没有的。

第三，"礼义廉耻，国之四维"。就是说，礼义廉耻是国家的四个支柱。除了这个提法外，古人还提出了"孝悌忠信，礼义廉耻"等说法，意思都差不多。

上述三个方面是古代伦理道德最先最主要的内容。懂得了这三个方面的内容，大体就了解了中国伦理道德最基本的内容。我们的道德伦理又全面又有体系，其他的内容当然就多了，需要写一部中国伦理学史来阐述。

中国传统道德是中国传统文化当中最精华的内容，它在世界人类文明遗产中的特殊性非常之明显。为什么这么说呢？因为世界上任何国家，从古希腊一直到古印度，尽管每个国家都有自己的道德规范，每个民族都有自己的道德规范，可是内容这么全面、年代这么久远、涉及面这么广泛的道德规范，在全世界来看，中国是唯一的。现在中国周围这些国家，像日本、韩国、越南等，有一个名词叫汉文化圈，属于汉文化圈的国家基本上都受我国的影响。

我们一向讲中国是四大文明古国之一。现在我们的考古发现越多，就越证明我们的历史长久。随着考古学的不断进步，我估计将来考古发现不但有夏、有禹，一定还会有更古的尧、舜，还要往上发展。总而言之，我的看法是考古发现越多，我们的历史越长。这是从形成的历史时间看。

那么从具体内容上看，我们民族的特点就更明显了。

比如"孝"这个概念，"三纲五常"里面都有。除了中国以外，全世界各国都没有这么具体。何以证之呢？可以看一看欧洲现在社会的情况跟我们作比较。当然现在青年人也不像以前那样愚忠愚孝，"割肉疗母"我们也不提倡，可是就拿眼前来讲，我们中国的青年人还比世界各国的要孝得多，虽然程度不如以前了。我是研究语言的，有件事很有意思：把"孝"这个词翻译为英语，用一个词翻译不出来，得用两个词。什么原因呢？因为虽然不能说外国没有孝，但是孝并非作为一个很重要的概念，所以译过去就得用两个词。英文里面两个什么词呢？就是儿女的"虔诚"与"尊敬"，而在中文中光一个"孝"就够了。这就说明"孝"这个词有中国的特点。

我认为中国伦理道德中有两点值得提倡，第一点是讲气节、骨气。一个人要有骨头。我们现在不是还讲解放军硬骨头六连吗？文章也讲风骨。骨头本来是讲一种生理的东西，用到人身上，就是指人要讲气节。孟子就讲富贵不能淫，贫贱不能移，威武不能屈，此之谓大丈夫。富贵我们也不怕，贫贱我们也不怕，威武我们也不怕，这在别的国家是没有的。就是说作为一个人，我有我的人格，顶天立地，不管你多大的官，多么有钱，你做得不对我照样不买你的账。例子很多。《三国演义》里有个祢衡敢骂曹操，不怕他能杀人。近代的章太炎，他就敢在袁世凯住进中南海称帝时，到中南海新华门前骂袁称帝。这种骨气别的国家也不提倡。"骨气"这个词也不好译，翻成英文也得用两个词：道德的"反抗的力量"或者"不屈不挠的力量"，我们用一个"气节""骨气"，多么简洁明了。我们中国的小说中，随便看看，都有像祢衡这样的人。我们为什么崇拜包公？就是因为他威武不能屈。皇帝掌握生杀大权，但皇帝做错了包公照样不买账；达官显贵虽然有钱有势，包公也照样不买账。这种品行外国是不提倡的。

我常对年轻人讲，不仅在国内要有人格，不能一见钱就什么都不讲了，出国也要有国格，不能忘记自己是中国人，不能忘记国格。

第二点是爱国主义。世界上真正提倡爱国主义的是中国。比如苏武北海牧羊而气节不改的故事，连小孩都知道。写《满江红》的抗金英雄岳飞，他的爱国精神更是历代传颂，后人在杭州西湖边专给他盖了一座庙。又如文天祥，谁都知道他的名言"人生自古谁无死，留取丹心照汗青"，全国都有他的祠堂。近代、现代的爱国英雄也多得很，如抗日战争中的张自忠、佟麟阁，等等。

当然，我们讲爱国主义要分场合，例如抗日战争里，我们中国喊爱国主义是好词，因为我们是正义的，是被侵略、被压迫的。压迫别人、侵略别人、屠杀别人的"爱国主义"是假的，是军国主义、法西斯。所以我们讲爱国主义要讲两点：一是我们绝不侵略别人，二是我们绝不让别人侵略。这样爱国主义就与国际主义、与气节联系上了。

关于中国传统道德在世界文明史中的地位问题，我想最好先举例来说明。大家都知道《歌德谈话录》这本书，在1827年1月30日歌德与艾克曼的谈话录中，歌德说，我今天看了一本中国的书：《好逑传》。中国人了不起，在中国人眼中，人跟宇宙合二为一（这是我这几年宣传的人与大自然和谐），男女谈情说爱，相互彬彬有礼，那么和谐、和睦，这个境界我们西方没有。可以说，《好逑传》在中国文学史上最多与《今古奇观》处在一个水平上，甚至中国文学史也不会写它。可是传到欧洲，当时欧洲文化的第一代表人歌德却大加赞美。但他是有根据的。虽然我国这类才子佳人题材的小说有些理想化，像《西厢记》。但是在当时的西方文化泰斗看来，起码中国作者心中的境界是很高的。歌德指出的这一点不是很值得我们回味吗？

我认为，从世界文化的发展趋向看，中国文化包括中国道德的精华，在 21 世纪的将来，会在人类精神文明的发展中，发挥更重要的作用。这是我所期望的。

1990年

传统文化与现代化

先声明一句：对于"文化"的含义的理解五花八门。我在这里所说的"文化"是广义的文化，包括人类创造的物质和精神两个方面的一切优秀的东西。

传统文化代表文化的民族性，现代化代表文化的时代性。二者都是客观存在，是否定不掉的。二者之间的关系是矛盾统一，既相反，又相承。历史上所谓现代化，是指当时的"现代"，也可以叫作时代化。

所谓现代化或者时代化，必须有一个标准，这就是当时世界上在文化发展方面已经达到的最高水平。既然讲到世界水平，那就不再是一个国家或一个民族的事情。因此，不管哪一个时代、哪一个国家的现代化，总是同文化交流分不开的。文化交流是人类历史上以及现在人类最重要的活动之一。现代化或者时代化一个最重要的内容就是进行文化交流，大力吸收外来的文化，加以批判接受。对于传统文化，也要批判继承，二者都不能原封不动。原封不动就失去生命活力，人类和任何动物植物失去了生命活力，就不能继续生存。

在历史上任何时代，任何正常发展的国家都努力去解决传统文化与现代化的矛盾。这一个矛盾解决好了，达到暂时的统一，文化就能得到进一步的发展，国家的社会生产力也会得到进一步的发展，经济就能繁荣。解决不好，则两败俱伤。只顾前者则流于僵化保守；只顾后者则将成为邯郸学步，旧的忘了，新的不会。

中国历史上的事实可以充分证明上述的看法。试以汉代为例。汉武帝在位期间是汉代国力达到顶峰的时代，在政治方面和经济方面都有辉煌的成就。在文化思想方面，董仲舒的"罢黜百家，独尊儒术"，可以说是保存传统文化的一种办法。但是当时的人们并没有仅仅对儒家思想抱残守缺，死死抱住不放，而是放眼世界，大量吸收外来的东西。从那时候起，许多外国的动物、植物、矿物，以及其他产品从西域源源传入中华，比如葡萄、胡瓜、胡豆、胡麻、胡桃、胡葱、胡蒜、石榴、胡椒、苜蓿、骆驼、汗血马、璧流离等都是当时传入的。西域文化，比如音乐、雕刻等也陆续传入。稍晚一点，佛教也传了进来。另一方面，中国的丝和丝织品也沿着丝绸之路传到了中亚和欧洲。总之，汉武帝及其以后的长时间中，一方面发扬传统文化，一方面大搞"时代化"。尽管当时不会有什么时代化或现代化之类的概念，人们也许根本没有意识到他们是在进行这样伟大的事业；但是他们确实这样做了，而且取得了辉煌的成果。历史的辩证法就是如此。文化交流大大地促进了汉代文化的发展，也促进了国际上文化的发展。汉武帝前后的时代遂成为中国历史上最光辉灿烂的时代之一。

我再举唐代作一个例子。李唐的家世虽然可能与少数民族有某一些联系，但是几个著名的皇帝，特别是唐太宗，对保护中华民族、主要是汉族的传统文化做了大量的工作。文学、艺术、书法、绘画、哲学、宗教等文化的各个方面都得到了可喜的发展。中华文化还大量向外国输出，日本是一个显著的例子。唐太宗本人，武功显赫，文治辉煌。他是政治家、军事家，又是书法家和诗人。贞观时代，留居长安的外国人数量极大。他们带来了各自国家的物质和精神文化，又带回中国文化。盛唐时期遂成为中国历史上最兴盛的时期之一，长安成为当时世界上第一大都会，唐王朝成为经济最发达、力量最雄厚的国家。

例子还可以举出一些来；但是这两个已经够了。这一些例子透露了一条规律：在中国历史上，凡是国力强盛时，对外文化交流，也可以叫作时代化，就进行得频繁而有生气。这反过来又促进了本国社会生产力的发展，使国力更加强盛。凡是国力衰竭时，就闭关自守，不敢进行文化交流。这反过来更促成了国力的萎缩。打一个也许不太确切的比方。健康的人，只要有营养，什么东西都敢吃。结果他变得更加健康。患了胃病或者自以为有病的人，终日愁眉苦脸，哼哼唧唧，嘀嘀咕咕，这也不敢吃，那也不敢动。结果无病生病，有病加病，陷入困境，不能自拔。

清朝末年，被外国殖民主义者撞开了大门，有识之士意识到，不开放，不交流，则国家必无前途；保守者则大惊失色，决定死抱住国粹不放，绝不允许时代化。当时许多有名的争论，什么夷夏之辨，什么体用之争，又是什么本末之分，都与此有关。这是一个国家似醒非醒时的一种反映，其中也包含着传统文化与现代化的斗争。以后经历了民国、军阀混战、国民党统治等混乱的时期，终于迎来了解放。

在解放初期，我们的国家是健康的。对于传统文化不一概抹杀，对于外来文化也并不完全拒绝。对于保护传统文化曾有过一点极左的干扰，影响不是很大。到了"四人帮"肆虐时期，情况完全变了。"四人帮"一伙既完全不懂传统文化，又患了严重的胃病，坚决拒绝一切外来的好东西。谁要是想学习外国的一点好东西，"崇洋媚外""洋奴哲学"等莫须有的帽子就满天飞舞，弄得人人谈"洋"色变。如果"四人帮"不垮台，胃病势将变成胃癌，我们国家的前途就岌岌可危了。十一届三中全会以后，我们国家又恢复了健康。我们既提倡保护传统文化，加以分析，批判继承，又提倡对外开放，大搞现代化。纵观几千年的中国历史，人们不能不承认，这是盛世之一，是最高的盛世，是正确处理传统文化与现代化这一对矛盾的典范。从这正确的处理中，我们可以看出，所谓"全盘西化"是理论上讲不通、事实上办不到的。世界上还没有哪一个西方以外的国家全盘西化过。

1987年6月6日

对国学研究的几点看法

祝贺《国学研究》第二期出版。

想谈几点意见：第一，前不久接到吴江同志的信，附有他在上海《文汇报》上发表的关于国学问题的文章。接着我就接到了上海《文汇报》直接给我的信，要求我参加国学问题的讨论。我都还没有答复。如果答复的话，我就会说，我不参加讨论，也不赞成讨论。像国学这样的题目，难以讨论。想给国学下个定义，永远也不会有结果，永远也不会有大家都同意的定义。社会科学同自然科学不一样，定义很难下。与其在下定义上下功夫，莫如切切实实地读一些书，切切实实地思考一些问题。根据自己的认识去钻研，去探讨，有了心得，就成文成书。这比争定义、说空话要好得多。

第二，学术与政治的关系问题。这是一个老掉牙的问题。我们过去讨论了几十年，有人也吃过苦头，现在不必谈了。但是，最近几年来，我逐渐觉悟到，二者之间实有密切的联系。我举一个具体的例子。对于王梵志的诗，中外敦煌学研究者颇不乏人。个别的中国学者研究成果发表后，外国一个国家的学者很不满意，准备组织班子，汇集文章，大张旗鼓地加以批评或者批判。后来项楚先生的《王梵志诗校注》及时出版了。那个国家的学者一经读到，大为叹服，于是宣布解散班子，停止批判。如果项书不出，批判的结果一发表，不怀好意者就会立即同中华人民共和国挂上钩。这样一来，一个学术问题立即变成政治问题。因此，在今天世界上，学术实在脱不开政治。我们时刻想到这一点，会促使我们更加努力，更加小心翼翼。不管我们研究的是国学的哪一个部门，我们都必须认识到学术与爱国主义的关系，绝不能掉以轻心。

第三，关于21世纪将是东方文化占统治地位的世纪。国外也有一些有识之士有这样的主张。我在最近几年来写过长长短短的几篇文章，宣扬这种看法。特别是东方文化中"天人合一"的思想，我认为是中国对人类杰出的贡献。在香山饭店的一次国际学术研讨会上，我做过一个很短的发言，题目就是：只有东方文化能拯救人类。① 我对此点深信不疑。但是，这是一个极大的题目，而且涉及未来的21世纪。原来我也同别人争辩过。现在我的做法变了。我想到中国过去有一个近视眼猜匾上的字的笑话。一个近视眼说，匾上是什么什么字。但是此时匾还没挂出来。21世纪就是一个还没有挂出来的匾，匾上的字是什么，谁也说不准。如果有人愿意猜，那是可以的，每个人都有这个权利。但是不必争辩，争辩是徒劳的。我们最好学一学京剧《三岔口》，每个人耍自己的枪刀，但谁也碰不着谁。

1994年8月23日

（本文原文为《国学研究》第二期祝词）

---

① 指1993年5月24日，作者在"香山东方伦理道德与青年教育国际研讨会"上的发言。

21世纪国学研究瞻望

根据词典的解释：国学者，一国固有之学问也。每一个国家都有自己固有的学问；但不一定都用"国学"二字。中国用此二字约始于本世纪之初。

全体中华民族都同意，要弘扬我们民族的优秀文化，目的绝不是自吹自擂，而是为了全世界文化的发展和全世界人民的利益。

弘扬文化必须研究国学，这本是天经地义的事情，不意竟有无知妄人说什么：研究国学是为了反对马克思主义。这真是石破天惊，匪夷所思。

到了21世纪，我希望，而且也相信，我们的国学研究将会取得更辉煌的成就，将会有助于建设有中国特色的社会主义社会。方法必须谨严创新，态度必须实事求是。我更特别希望，再不会有那样的妄人出现。

1999年10月20日

中国知识分子的爱国传统

　　传统文化与爱国主义这两件事看起来似乎没有什么联系。但是别的国家我先不谈，专就中国而论，二者是有极其密切的联系的。这里面包含着两层意思：一层是在中国传统文化，或者把范围缩小一点，在中国传统的伦理中，爱国主义占有极其重要的地位；二层是，唯其因为我国有光辉灿烂的传统文化，我们这个国家才更值得爱，更必须爱。

　　先谈第一层意思。我要从历史谈起。秦以前渺茫难究诘。这里不谈。秦将蒙恬因为御匈奴有功，被当时人和后代人所赞颂。到了汉朝，汉武帝的大将卫青和霍去病，小小年纪，也因为御匈奴有功，为当时人和后代人所赞颂。苏武被匈奴扣压了十几二十年，坚贞不屈，牧羊北海之滨，至今还在小说和戏文中传为千古佳话。到了三国时候，诸葛亮忠于蜀国，成为万古凌霄一羽毛。我必须在这里解释几句。我似乎听到有人问：诸葛亮这能算是爱国主义吗？我答曰：是的，是不折不扣的爱国主义。什么叫"国"呢？古有古的概念，今有今的概念。魏、蜀、吴，就是三个"国"，否则家喻户晓的《三国演义》为什么叫"三国"呢？过去在很长的一段时间内，我们史学界一些人搞形而上学，连抵御匈奴都不敢说是爱国，因为匈奴是今天中华人民共和国内的某某民族的祖先。在今天看，这话可能是对的。但在古时确是两国。我们怎么能拿今天的概念硬扣在古代历史上呢？我的这个解释也可以而且必须应用到三国以后的中国历史上去。比如宋代的杨家将，至今还在戏文中熠熠闪光。至于岳飞和文天祥，更是"一片丹心照汗青"，名垂千古，无人不知，至今在西子湖畔还有一座岳庙，成为全国和全世界人民朝拜的圣地。所有这一切都值得我们深思。我说中国传统文化中，中国的传统伦理中有强烈的爱国主义成分，难道这不是事实吗？

现在再谈第二层意思。国之所以可爱，之所以必须爱，原因是很多的。专就中国而论，由爱我们的伟大的传统文化而爱国，理由是顺理成章的。我一向主张，在整个人类大家庭中，文化是大家共同创造的，国无论大小，历史无论久暂，都或多或少对人类共同文化宝库有所贡献。但是同时，又必须承认，国与国之间，民族与民族之间，贡献是不一样的。我国立国东亚大陆，垂数千年。我们祖先的几大发明名垂千古，至今人类还受其利。我想，除了主张"全盘西化"的人以外，中国人一谈到自己的文化，无不油然起自豪感。我们当然不能也不会躺在祖先的光荣的文化传统上睡大觉，我们还必须奋发图强，在旧基础上赶上新世界。这一点用不着多做解释。专就爱国主义而论，有这样传统文化的国家，难道还不应该还不值得爱吗？

最近几年以来，我常常思考中国知识分子与爱国主义的问题。我逐渐认识到，中国知识分子（当然劳动人民也在内）是世界上最爱国的知识分子，是世界上最好的知识分子。其中原因，上面讲的传统文化只能算是一个，从近代史上来看，还有别的原因。

中国自 1840 年以来，遭受殖民主义和帝国主义的压迫和剥削。知识分子对此最为敏感，因此养成了爱国的传统。殖民主义和帝国主义国家的知识分子，虽然也是讲爱国主义的，但是这种爱国主义是经不住考验的。一到关键时刻，立刻就"有奶就是娘"了。

我想把中国知识分子按年龄分为三类：老、中、青。老知识分子是在旧社会待过而且很多是在国外待过的。他们根据亲身体验，深知国家不强，必定受人歧视。所以这一批人爱国心特别强烈。在新中国成立后，虽然不少人遭受批判，大多数人在"史无前例"的时代遭受非人的待遇，至今仍然爱国如常。"物美价廉，经久耐用"，指的就是这一批人。

中年知识分子没有遭受"三座大山"的压迫。他们受到了传统文化熏陶，也是爱国的，现在正为祖国辛勤服务。

青年知识分子则丝毫没有受过外国的压迫。他们对解放前的情况，只是从书本上或老人的口中知道一些，印象是淡薄的。对他讲爱国主义，理论上易讲，事实上难说。今天的大学生都属于这个范畴。要进行爱国主义教育，他们应该是重点。我们在这方面应该多想一些办法。向他们多讲一些传统文化，讲一些历史，看来这会是行之有效的办法。总之，我认为传统文化与爱国主义是息息相关的，相辅相成的，两方面都要多讲。

1989年10月13日

第二辑 寻根漫谈

季羡林在斗室

寻根漫谈

　　世间万事万物总都有个根。根者，产生之根源也。我国文化也必有其产生的根源，寻找这个根源，其意义无比重大。前几年提出的弘扬中华优秀文化的号召，目前流行于社会中的发扬爱国主义精神的倡议，实际上也都是寻根的举措。

　　《三国演义》一开头就说："天下大势，分久必合，合久必分。"这两句话概括了一部中国史。然而，仔细计算起来，中国历代总是合多分少，至今我们仍是一个统一的国家，海峡两岸目前的情况只能是一个暂时的现象，统一迟早必定会实现的。

　　这种人类史上空前的现象，其根何在？

　　中华文化，历史悠久，彪炳寰宇，辉煌璀璨，众口交誉，其影响广被大千世界，历数千年而不衰。我们无法想象，如果地球上没有中华文化，人类今天的文化会是什么样子。

　　这种文化史上的稀有现象，其根安在？

　　中华文化，不但在大的方面辉煌灿烂，在小的方面也是如此。中华的饮食文化、茶文化、酒文化、医药文化、戏剧文化，等等，等等；更小而至于围棋、象棋、麻将，等等，亦无不博大精深；连针灸、气功、按摩、推拿等也都能造福人类。拿西方的扑克等来与之相较，其深浅真难以道里计了。

　　这些人类史上的奇迹，其根何在？

　　现在已经到了20世纪的世纪末，一个新的世纪已经来到了门前，我国和全人类都处在一个转折关头。在这样的关键时刻，为了中华文化和世界文化的发展，为了中国的和平统一，为了世界的持久和平，为了中国和世界人民的根本福利，为了人类前途的发展，上面谈到的这一些根，都有必要来寻上一下。根就是本，循本才能求末，本末同求，斯为至善。

　　因此，我祝贺《寻根》的创刊。

　　我祝福《寻根》茁壮成长，寿登千岁。

1994年1月19日

中国姓氏文化

前不久，张在德同志介绍袁义达同志来看我，带来了《中华姓氏大辞典》这一部长达 150 万字巨著的部分稿子，要我写一篇序。这确实让我踟蹰难决：我那一点对中国姓氏的知识能保证序写成后不出笑话吗？我请他把稿子和一些说明材料留下，意思是等我学习完了再行定夺。万万没有想到，我一接触稿子和资料，立即有豁然开朗之感：原来在这些普普通通的姓氏里面，竟隐藏着这样重要的含义。我从中学习了很多东西。我当机立断：这一篇序一定要写的。

我小时候读过《百家姓》，只是跟着老师念，根本不了解其中的意义。后来在国内外读书做事，虚度了几十年，逐渐知道了中国的姓绝不止百家。明朝有《千家姓》一书，没有读过也没有考虑过，中国的姓氏是否就到千家而止。可是我知道了，世界各国的姓氏制度是颇有分歧的。有的国家根本没有姓。在中国，姓氏制度在各民族之间，也不是完全一致的。但是，姓氏制度究竟意味着什么，我仍然没有加以考虑。

在德国读书的时候，听一个德国同学讲过德国犹太人姓氏起源的一些笑话。原来犹太人从前就是没有姓的。几百年前，德国警察局规定每一个人都必须有个姓。这对日耳曼人来说本是"司空见惯浑无事"的，然而却难坏了犹太人。他们走到警察局，恭候发落。此时不怀好意的德国警察，却来了威风："到门后边去站着！"他们怒喝。于是有的犹太人就真的站在门后边。结果"在门后边"就成了他们的姓。还有更恶毒的恶作剧。犹太人央求德国警察，给自己赐个姓。于是连"放屁"等一类的脏词儿都成了犹太人的姓。

这故事，我当时听了觉得好笑。及今回思，却只觉得悲哀。在姓氏里面竟还隐含着一部民族压迫史！

这是姓氏制度带给我的第一次反思。

以后，我在治印度和中亚古代语言之余，有时迫于形势，有时出自兴趣，我也搞了一点中外历史的研究。在这里面，我认识到了姓氏的重要性。治中国历史而不注意姓氏的研究，是根本不行的。过去和现在的历史学家，写过不少的关于姓氏的专著和论文。我顺便举一个例子：姚薇元的《北朝胡姓考》，是这一部《中华姓氏大辞典》的参考书之一。陈寅恪先生给本书写的序里说：

> 寅恪以为姚君之学，固已与时俱进，然其当日所言，迄今犹有他人未能言者。此读者自知之，无待寅恪赘论。惟不能不于此附著一言者，即吾国史乘，不止胡姓须考，胡名亦急待研讨是也。

寅恪师在下面列举了一系列的中国少数民族的姓名，从六朝一直列到清代，给治史者极大的启发。他不但号召别人来研讨，而且现身说法，自己著文，参加研讨，写了许多著名的论文，比如《元代汉人译名考》《李唐氏族之推测》《李唐氏族之推测后记》《三论李唐氏族问题》《李太白氏族之疑问》等，在中外学术界引起了广泛的注意。

中国历史上姓氏问题之引起争论者，绝不只限于寅恪先生所论。即在我们日常社会生活中，姓氏实亦大有研讨之余地。其中颇有与历史相联系者。比如寅恪先生所提出之李姓，据目前科学统计，李姓实为当前中国的第一大姓。其来源究竟如何呢？他们绝非都是李耳的后代，这是绝对可以肯定的。仅李唐一代，就制造了不少的李姓。有许多波斯人到了中国改姓了李，著《海药本草》的李珣即其中之一。再如马姓。伊斯兰教传入中国以前，比如汉朝的马援，《三国演义》中的白袍小将马孟起等，当然都可能是土生土长的"马"。唐代伊斯兰教传入以后，有许多姓马的穆斯林，可能或多或少地与"穆罕默德""马哈茂德"等等有关，与马援和马超难以联系了。

这只是我顺手举的几个例子，在中国历史上和现实社会中，姓氏问题之复杂远远不止这一些。在这方面也还大有研讨的余地。

我在上面曾说到德国犹太人的姓氏问题。这样表现姓氏上的民族压迫，在中国历史上也是可以找到的。在本辞典的附录中，有一篇关于姓与庄地名的文章，里面讲到的来源很可能与宋代抗金民族英雄岳飞有关。他惨遭奸臣秦桧杀害后，他的后代怕再遭到奸臣杀害，携家带眷，逃到安徽省涡阳县一个僻静的地方，并把"岳"字拆开，把"山"字放在"丘"字上面，成了"峃"字。这个传说的真实程度，我们无法推测。但是，揣情度理，毋宁说是可靠的。此外，我还想到另一个传说。今天中国姓"闻"的，不一定都是闻太师的后人。宋代的与岳飞齐名的民族英雄文天祥被杀害后，他的后人也为了同样原因，将自己的姓改为"闻"。揣情度理，我认为，这同样是可靠的。

上面讲的都是历史上的事情。姓氏研究同我们当前的社会主义建设有什么联系呢？

　　我认为，联系是密切的。这个认识只是我不久以前才得到的，通过这一次阅读本辞典的部分稿子和资料，又进一步加深了。先让我举几个例子。最近一个时期以来，我偶尔读到了一些文章，其中谈到，现在给小孩子命名最流行、最时髦的风气是起单名。结果造成了同名过多的现象，这给有关方面无端制造了大量的困难。现在我看了袁义达同志带给我的材料，里面讲到，中国汉族和满族李、张、王三大姓高踞榜首，鼎足而三。李姓占全人口总数的 7.9%，张姓 7.4%，王姓 7.1%，三者加起来共占 22% 多，有几亿人口。这几个大姓再加上同名问题，情况就更加复杂化了。

　　比如说，今天最流行的单名是"军""宁"等，再加上传统的双名"宝珍""玉珍""淑贞""兰英"等和一度时髦的双名"卫东"等；这样一些名，若与三大姓配在一起，试问普天之下将会有多少同姓又同名的人呀？事实上，专就我接触到的这一点社会层面来看，姓名叫"李军""张军""王军"的人，就不知道有多少。有时候，中学一个班里就有三个"张军"，再加上"李军""王军"，则教员点名，邮局送信，有人打电话，公安局登记人口，政府有关部门进行人口普查，会引起多么大的混乱，不是一清二楚了吗？况且我国已经有了专利法和出版法，这些都与姓名有关。上述情况在这里会引起多么大的混乱，不也是一清二楚了吗？多么精细的电子计算机对此也将束手无策。文明社会，每一个人必须有一个姓名，这是必不可少的。姓名有点重复，哪一个国家也难以完全避免。但若过了头，则必然影响社会的运转。这一点也用不着再求得证明了。

　　上面谈的只是一个简单的例子。本书的自序中还提到其他一些与姓氏有关的问题和建议，所有这一切都应当引起我们严重的关切，切不可掉以轻心。这是我读了本书部分稿子以后的诚恳的希望。

　　两位作者都是自然科学家。他们习惯于谨严细致的科学工作方法，现在他们把这种方法应用到属于社会科学范畴的探讨方面上；我相信，细心的读者都会发现本书的谨严准确的自然科学的学风。我们搞社会科学和人文科学的人，应该认真学习这种学风。这是我的又一个诚恳的希望。

我写到这里，读者读到这里，我们必然都要想到两位作者和出版者，我们不能不佩服他们的远见卓识，他们独具慧眼；我们也不能不由衷地感激他们。他们肯而且敢在今天出版界人所共知的情况下，出这样大的人力、财力、物力，出版这样一部大辞典。我现在向中国史学界、社会学会、民族学界、公安部门、民政部门、教育部门等郑重推荐这一部大辞典，它会给你们的工作提供极大的方便。

除了共同的感激之外，我个人还有一点特殊的感激。我在开头已经说到，张在德同志和袁义达同志代表作者找我写序的时候，我认为是给我出了一个难题，使我踟蹰难决，我甚至不理解，何以找到我头上来。我内心里不但毫无感激之意，而且还颇有点抱怨。然而，到了今天，材料看完了，序也写完了，仅仅不过几天的时间，我忽然恍然大悟，这对我来说，实际上是一个学习的机会，让我学到了不少的新东西。我现在又感到，光用"感激"二字都不能完全表达我的心情了。

我的序就写到这里。

1991年1月3日

（本文原文为《中华姓氏大辞典》序）

中国楹联

　　书法是中国传统的艺术之一，从唐代传入日本，至今兴盛不衰。楹联则是中国独有的艺术。因为只有像汉语这样有独特结构的语言才能有。世界任何其他语言都根本无法讲什么平仄、对仗等。没有平仄、对仗等，也就没有楹联。道理是非常清楚的。

　　在中国漫长的历史上，书法和楹联一向是紧密结合的。一直到今天，在全国各地的名山胜刹，古寺梵宫都还悬有名人书写的楹联。人民过新年时也往往用红纸书写楹联，张诸门楣，或表示祝贺，或表示期望，或言志，或抒情。为佳节凭空增添了无量欢悦。

　　将楹联汇集成册者，过去有过一些。但是将楹联与书法联合出书，尚未多见。现在聊城师范学院学报编辑部编了这一册《中国楹联墨迹荟萃》，集全国老中青三代学人、政治家、书法家的墨宝于一册，真可谓洋洋大观。窃以为其意义是多方面的：对全国书法爱好者来说，不费吹灰之力就能欣赏这样多名家的书法；对全国文学研究者来说，能欣赏这样多精彩的楹联；对青少年来说，读一点楹联，可以体会中国文字之特点。五十多年以前，在1933 年，先师陈寅恪先生给清华大学出国文入学试题，作文题是"梦游清华园记"。① 另出对对子一题，以测试学生对汉文理解之程度。当时曾引起一场轩然大波，我以为这样做是完全可以的。对仗确实能试出学生的水平，而楹联是最讲求对仗的。青年学生通过楹联可以学习到很多东西。因此，他们还能通过欣赏书法与楹联艺术，开阔眼界，活跃情思，培养情操，提高精神境界，由热爱祖国独有的艺术，进而热爱祖国。其为用不可谓不大矣。然而更有进者，其意义绝不限于本国。从对外文化交流上来讲，像日本等国对中国书法艺术和文学修养素有基础，此外还有海外华人或华裔，对此同样有浓厚的兴趣。有此一编，不出国门家门，就能欣赏中国当代有名的政治家、书法家、学者、教授的书法艺术，此书将受到他们的欢迎，是肯定无疑的了。

　　因此，我热烈祝贺此书的出版。愿中国传统文化和煦的春风吹绿祖国大地，吹遍友邻诸国。

1987年6月8日

（本文原文为《中国楹联墨迹荟萃》序）

---

① "梦游清华园记"为 1932 年清华大学国文入学试题，作者记忆有误。

成语和典故

　　成语，旧《辞源》的解释是："谓古语也。凡流行于社会，可证引以表示己意者皆是。"典故，《现代汉语词典》的解释是："诗文里引用的古书中的故事或词句。"后者的解释不够全面，除了"古典"外，有些人还用"今典"这个词儿。

　　成语和典故是一种语言的精华，是一个民族智慧的结晶，是高水平文化的具体表现。短短几个字或一句话，却能唤起人们的联想，能蕴涵无穷无尽的意义，有时是用千言万语也难以表达清楚的。中国古代文人，特别是诗人和词人，鲜有不用典者，一个最著名的例外是李后主。

　　在世界上各大民族中，成语和典故最丰富多彩的是哪一个民族呢？这个问题，我想，考虑到的人极少极少，反正我还没有遇到呢。我自己过去也从未想到过，只是到了最近，我才豁然开朗：是中国。

中国汉语浩如瀚海的诗文集是最好的证明。没有足够的古典文献的知识，有些诗词古文是无法理解的。许多古代大家的诗文集，必须有注释才能读得懂。有的大家，注释多到数十家，数百家，其故就在于此。

这情况不但见于古典诗文，连老百姓日常习用的口语也不能避免，后者通常被称为"成语"。成语和典故的区分，有时真是难解难分。我的初步的肤浅的解释是，成语一般限于语言，典故则多见诸文字。我们现在每个人每天都要说话（哑巴当然除外），话中多少都用些成语，多半是无意识的，成语已经成为我们口语中不可或缺的一个组成部分了。

成语的量大得不得了，现在市面上流行着许多版本的《汉语成语大词典》可以为证。例子是举不胜举的，现在略举数例，以见一斑。"司空见惯""一箭双雕""滥竽充数""实事求是""每况愈下""连中三元""梅开二度""独占鳌头""声东击西""坐井观天""坐山观虎斗""坐失良机""座无虚席""坐以待毙""闻鸡起舞"，等等，等等。这不过只是沧海一粟而已。在我这篇短文中，我就不自觉地使用了一些典故。连电视中的体育报告员，嘴里也有不少成语。比如，踢足球踢进第二个球，则报告员就用"梅开二度"；连踢进三个球，则是"连中三元"了。连不识字的农民有时也想"转"（读音zhuǎi）文，使用成语，比如，"实事求是"，对一个农民来说实在太拗口，他便改为"以实求实"。现在常听人说"不尽人意"，实际上应该是"不尽如人意"，去掉"如"字，是不通的。但是，恐怕约定俗成，将来"不尽人意"就会一统天下了。

汉语的优点是说不完的，今天只能讲到这里，等以后有机会再来啰唆。

1999年10月16日

漫谈皇帝

在历史上，中国有很多朝代，每一个朝代都有一些皇帝。对于这些"天子"，写史者和读史者都不能避开不写不读。其中有一些被称为"圣君""英主"，他们的文治武功彪炳史册。有一些则被称为"昏君""暴君"，他们的暴虐糜烂的行为则遗臭万年。这都是我们所熟悉的。

但是，对"皇帝"这玩意儿的本质却没有人敢说出来。我颇认为这是一件憾事。我虽不敏，窃愿为之补苴罅漏。

首先必须标明我的"理论基础"。若干年前，我读过一本辛亥革命前后出版的书，叫作《厚黑学》。我颇同意他的意见。我只觉得"厚""黑"二字还不够，我加上了一个"大"字，总起来就是："脸皮厚，心黑，胆子大"。

现在就拿我这个"理论"来分析历代的皇帝们。我觉得，皇帝可以分三类：开国之君，守业之君，亡国之君。

开国之君可以中国历史上仅有的两个马上皇帝为代表：

一个是刘邦，一个是朱元璋。两人都是地痞、流氓出身。起义时，身边有一批同样是地痞、流氓的哥儿们。最初当然都是平起平坐。在战争过程中，逐渐有一个人凸现出来，成了头子，哥儿们当然就服从他的调遣、指挥。一旦起义胜利，这个头子登上了宝座，被尊为皇帝。最初，在金銮殿上，流氓习气还不能全改掉，必须有叔孙通一类的"帮忙"或"帮闲"者（鲁迅语）出来订朝仪。原来的哥儿们现在经过"整风"必须规规矩矩，三跪九叩，山呼万岁，不许乱说乱动。这个流氓头子屁股坐稳了以后，一定要用种种莫须有的借口，杀戮其他流氓，给子孙除掉障碍。再大兴文字狱，杀害一批知识分子，以达到同样的目的；然后才能安心"龙驭宾天"，成为什么"祖"。

他们之所以能成功，靠的是什么呢？厚、黑、大也。

他们的子孙继承王位，往往也必须经过一场异常残酷激烈的宫廷斗争，才能坐稳宝座。这些人同他们的流氓先人不一样，往往是生长于高墙宫院之内，养于宫女宦竖之手，对外面的社会和老百姓的情况，有的根本不知道，或者知之甚少。因此才能产生晋惠帝"何不食肉糜"的笑话。有些守成的皇帝简直接近白痴。统治人民，统治国家，则委诸一批"帮忙"或"帮闲"的大臣。到了后来，经过了或短或长的时间，这样的朝廷必然崩溃，此不易之理。中国历史上之改朝换代，其根本原因就在这里。

这些守成之主中，也有厚、黑、大的问题。争夺王位，往往就离不开这三个标准。

至于末代皇帝，承前辈祖先多少年来留下之积弊，不管他本人如何，整个朝廷统治机构已病入膏肓，即使想厚、想黑、想大，事实上已无回旋的余地，只有青衣小帽请降或吊死煤山了。

一部中国史应当作如是观。

1998年9月5日

漫谈古书今译

弘扬祖国优秀文化的口号一经提出，立即受到了全国人民和全世界华人，甚至一些外国友人的热烈响应。在这里，根本不存在民族情绪的问题。这个口号是大公无私的。世界文化是世界上各民族共同创造的，而中华文化则在世界文化中占有重要的地位。想求得人类的共同进步，必须弘扬世界优秀文化。想弘扬世界优秀文化，必须在弘扬所有民族的优秀文化的同时，重点突出中华文化。不这样做，必将事倍而功半，南辕而北辙。

弘扬中华优秀文化，其道多端，古书今译也是其中之一。因此，我赞成古书今译。

但是，我认为，古书今译应该有个限度。

什么叫"限度"呢？简单明了地说，有的古书可以今译，有的难于今译，有的甚至不可能今译。

今译最重要的目的是，把原文的内容含义尽可能忠实地译为白话文，以利于人民大众阅读。这一点做起来，尽管也有困难，但还比较容易。有一些书，只译出内容含义，目的就算是达到了，对今天的一般读者来说，也就够了。但是，有一些古书，除了内容含义之外，还有属于形式范畴的文采之类，这里面包括遣词、造句、辞藻、修饰，等等。要想把这些东西译出来，却非常困难，有时甚至是不可能的。在古书中，文采占有很重要的地位。对文学作品来说，不管内容含义多么深刻，如果没有文采，在艺术性上站不住，也是不能感动人的，也或许就根本传不下来，例如《诗经》、《楚辞》、汉魏晋南北朝的赋、唐诗、宋词、元曲等，这些作品，内容与形式高度统一，思想性与艺术性高度结合，只抽出思想加以今译，会得到什么样的效果呢？

我们古人阅读古书，是既注意到内容，也注意到形式的，例如唐代大文学家韩愈在《进学解》中所讲的："上规姚姒，浑浑无涯；周《诰》殷《盘》，佶屈聱牙；《春秋》谨严，《左氏》浮夸；《易》奇而法，《诗》正而葩；下逮《庄》《骚》，太史所录；子云相如，同工异曲。先生之于文，可谓闳其中而肆其外矣。"这里面既有思想内容方面的东西，也有艺术修辞方面的东西。韩昌黎对中国古代典籍的观察，是有典型意义的。这种观察也包含着他对古书的要求。他观察到的艺术修辞方面的东西，文章风格方面的东西，是难以今译的。如果把王维、孟浩然等的只有短短二十个字的绝句译成白话文，我们会从中得到一个什么样的意境呢？至于原诗的音乐性，更是无法翻译了。

这就是我所说的"限度"。不承认这个限度是不行的。

今译并不是对每一个读者都适合的。对于一般读者，他们只需要懂得古书的内容，读了今译，就能满足需要了。但是，那些水平比较高的读者，特别是一些专门研究古典文献的学者，不管是研究古代文学、语言，还是研究哲学、宗教，则一定要读原文，绝不能轻信今译。某些只靠今译做学问的人，他们的研究成果不应该受到我们的怀疑吗？

西方也有今译，他们好像是叫作"现代化"，比如英国大诗人乔叟的《坎特伯雷故事集》，就有现代化的本子。这样的例子并不多见。他们古书不太多，可能没有这个需要。

中国古代翻经大师鸠摩罗什有几句常被引用的名言："天竺国俗，甚重文制，其宫商体韵以入弦为善……但改梵为秦，失其藻蔚，虽得大意，殊隔文体，有似嚼饭与人，非徒失味，乃令呕哕也。"我认为，这几句话是讲得极其中肯、极其形象的，值得我们好好玩味。

总之，我赞成今译，但必有限度，不能一哄而起，动辄今译。我们千万不要做嚼饭与人，令人呕吐的工作。

1991年12月11日

漫谈竹枝词

　　竹枝词，作为乐府曲名，虽然起源于唐代。但是，我总怀疑，它是源远流长的。它同许多中国文学形式一样，最初流行于民间，后来逐渐为文人学士所采用。而对竹枝词来说，这个民间可能就是四川东部巴渝一带地区。唐刘禹锡任夔州刺史。有一次他来到建平（今四川巫山县），听到了民间的儿歌，受到启发，写了《竹枝》九篇。每首七言四句，绝类七言绝句，但不甚讲平仄，押韵也较灵活。当时白居易也有《竹枝》之作。

　　刘禹锡在《引》中说："昔屈原居沅、湘间，其民迎神，词多鄙陋，乃为作《九歌》，到于今荆楚鼓舞之。"刘禹锡并无意把《竹枝》的产生地带同《九歌》联系起来。但是，我认为，这是可以联系的。中国古代荆楚一带文化昌盛，几年前发掘出来的编钟震动了世界，就是一个很有说服力的例子。巴、渝地邻荆楚，可能属于同一个文化圈。民间宗教信仰以及祭神仪式和乐章，容或有相通之处。

从歌词内容上来看，也可以看出一些线索来。中国古代南方荆楚一带的诗歌，比如《楚辞》，意象生动，幻想联翩。勉强打一个比方，可以说是颇有一点浪漫主义的气息，同北方以《诗经》为代表的朝廷或民间的诗歌迥异其趣，这种诗词威仪俨然，接近古典主义。竹枝词在情趣方面比较接近《楚辞·九歌》等荆楚文学作品。

根据上面这些考虑，我就怀疑竹枝词是源远流长的。

在中国文学史上，以《竹枝》或《竹枝词》命名的文学作品不是太多。这方面的专著或论文数量也极少。我个人觉得，这似乎是一个小小的憾事。

王慎之先生是一个有心人，多少年来就从事竹枝词的搜集、整理与研究工作，成绩斐然，已有专著出版，享誉士林。现在她又搜集了外国竹枝词，包括了东西方很多国家。作者不一定都曾身履其境，但竹枝词中所描绘的当地的老百姓生活情趣，却几乎都是生动活泼，栩栩如身历。这会受到士林，特别是研究中国文学史的同行们的热烈欢迎，是完全可以预卜的。我向她祝贺。

外国竹枝词，同中国竹枝词一样，作为一个文学品种，非常值得重视。但是，根据我个人的经验，较之中国竹枝词，外国竹枝词还有更值得珍惜的一面。几年前，我写《中印文化交流史》时，曾利用过清尤侗的《外国竹枝词》中有关印度的那几首。把古里、柯枝、大葛兰、榜葛剌那几首都引用到书里，给平庸单调的叙述凭空增添了不少的韵味。我相信，留心中印友好关系的读者，读了这几首竹枝词以后，也会感到情致嫣然，从而增加了对印度人民的理解与感情。其他国家可以依此类推。由此看来，这些外国竹枝词的意义就不限于文学方面，其政治意义也颇值得重视了。

我向王慎之先生祝贺，祝贺这一部书的出版。我怀着愉快的心情写了这一篇序。

1993年7月4日

（本文原文为《清代海外竹枝词》序）

老子在欧洲

羡林按：

　　这是几篇解放前的旧作（《老子在欧洲》《谈翻译》《东方语言学的研究与现代中国》《谈梵文纯文学的翻译》《从中印文化关系谈到中国梵文的研究》等）。当时的水平就不高，过了四十多年，现在几乎只配去盖酱坛子了。但是文定同志建议收入《比较文学与民间文学》中。我觉得，如果想保留一点旧东西，以资对比，也未始不可以收入，既然目的在保留旧时的东西，我现在就都原封不动地几乎一个字也不改地收在这里。里面很多名词今天也成了老古董，有许多见解，更可能很可笑。我也根本不去改动。唯一改动的是从繁体字改为简体，以存当年之真，权当是让读者看一幅五十年前发了黄的古老的照片罢了。

1991年3月5日

老子在欧洲，自来就走红运，没有另外一个中国哲学家可以同他比的；连在中国同他并称的庄子也望尘莫及。这原因其实并不复杂，我们只要一想就可以明白。中国哲学家讨论研究的对象差不多都是人与人的关系和治国平天下的道理。孔子虽然"诲人不倦"，但一提到死和命这些比较抽象的东西，就不高兴发表意见了。我们在这里不必讨论是不是孔子影响了中华民族，或者是中华民族的特性决定了孔子的看法。但中国思想的特点确是偏于现实的伦理的，这是大家都承认的。在这样的环境里居然出了一个老子，谈了许多近于形而上学的问题，无怪他在几乎没有一个真正哲学家不谈形而上学的欧洲大走红运了。

倘若我们再仔细想一想，还可以找到更深更根本的理由。无论哪一国的人都喜欢神秘的，自己不了解的，同自己有距离的东西。这距离愈大，喜欢的程度也就愈高。世界上的伟人们，尤其是政治上的伟人们，大半都懂得这道理。为了要在自己周围创造一层神秘的氛围，使他与人民之间的距离永远保持，他们不惜用种种方法，方法成功，距离就能保持，他们也就永远为人民所爱戴崇拜了。在这方面，德国人恐怕比别的国家更厉害。倘若你对他们赞美一件东西，他们先问是哪里来的，回答说是德国本国的，他们必摇头。说是法国来的，他们面部微有喜意。说是土耳其，他们眼睛里发了光。倘若说是从中国来的，他们就惊呼要抢着看了。因为什么？因为这样才够远的。倘若从远远的国度里来了一件东西，这东西他们又不了解；换了话说，就是距离之外再加上神秘，那么他们的赞叹崇拜也就没有止境了。

老子不正合这个条件吗？在中国一直到现在还没有人敢断定是不是有老子这个人；即便有这个人，他生在什么时候，他是不是《老子》这本书的著者，没有人敢给我们确切的回答。在司马迁时代，老子已经是恍惚迷离的神龙般的人物。我们读了他替老子写的传，眼前依然是个大问号。谈到举世闻名的《道德经》五千言，虽然到现在已经有了很多的注释；但没有人敢说他真能懂。无论谁读了这书，都觉得似乎懂了一点；但认真说起来，依然是仁者见仁，智者见智。老子仿佛是一面镜子，人们都喜欢来照一照。一照之下，在镜子里发现的不是老子的而是自己的影子。然而人们高兴了，觉得已经捉到了老子的真相，走开了。

欧洲人也喜欢来这面镜子里照。照过之后，每个人都觉得他真正了解了老子，于是就设法译成自己国的文字。在德国平均每隔几个月总有一个新译本出现。译者有的是汉学家，有的是在大学里念汉学的青年学生，有的是根本不懂汉文的诗人、哲学家、退职的老牧师、老公务员，有的是自命博雅的大半多少都有点神经病的老处女，真是洋洋乎大观，我们一时数也数不清。"道可道非常道"，这个道字的翻译更是五花八门，无奇不有。有的人在这里面发现了上帝，有的人把它同柏拉图的理念来比，有的人又把它同康德的自存物、叔本华的意志拉在一起。每个译者都不会忘掉写上一篇序言，这序言有的时候竟比原文还长，在这里面他们都很骄傲地说他们终于把老子了解了，把真正的"道"的意义捉到了；然而都不过是夫子自道，把自己的思想借了老子的名字表现出来，如此而已。

这种风气不限于一国，也不限于一时。但在上一次世界大战后的德国特别厉害。原因也很自然，一想就会明白的。德国人平常就有点夸大狂，在哲学音乐科学艺术方面又真的有惊人的造就，所以总觉得德国人高于一切，想征服世界。然而结果却被打倒在地上，他们先是觉得有点不了解，颇为愤愤然。后来又想到，难道自己的文明真的有什么缺陷吗？为了借助于他山起见，他们就各处搜寻。我上面已经说过，对德国人，远的就是好的，于是他们找到中国。又因为平常人总喜欢神秘的东西，而德国人的天性就倾向神秘主义，他们终于找到老子。无怪老子的译本像雨后的春笋般地出现了。

但他们究竟在老子书里找到些什么呢？这话很难说，恐怕多一半是一团大糊涂。愈不明白，他们就愈钻；愈钻也就愈不明白。想找的东西没有找到，在一团糊涂中他们也就渐渐忘记了自己是来找东西的，至于找到了什么或没找到什么与他们也就无关了。后来国内的情形变好了，对老子的热情终于渐渐淡下来。虽然间或仍然有老子的译本出现，已经不像以前那样起劲了。同时，在德国以外的欧洲国家里，以前对老子虽也喜欢，但没有像德国那样发狂，现在仍然冷静地爱着老子，不时出一个新的译本。最近的一个译本就是成自英国有名的汉学家 Aruthur Waley（阿瑟·韦利）之手。他也像别人一样，写了一篇很长的序，解释怎样才是道。他愈说人愈不明白，终于还是一团大糊涂。

不久就来了第二次世界大战，这次又同上次不同，一打就是六年。打到一半的时候，别的国家里的情形我不十分清楚，在德国，人们又因了同上次战后差不多一样的原因想到自己的文明是不是有缺陷，才开战时火一般的热情现在消逝得毫无踪影了，很多人，尤其是大学教授同学生开始动摇悲观起来。结果是东方的哲学又为一般人所注意了。老子又走起红运来。我去年秋天从德国到瑞士去以前，有一天忽然有一个衣帽整齐的中年人去找我，说他把老子译成德文了，请我给他写一个序出版。我听了当然很高兴，问他学过中文没有，他说没有学过。他自己是牙科医生，三年来只要有一点余闲，他就利用来研究老子。他曾经把中文本的老子借出来自己抄了一遍，每天晚上坐对着那部几十斤重的中法字典把每一个中国字都查了出来，然后自己再从这些字里硬寻出意义来，结果就成了这部译著。无论谁都知道，这是一件非凡艰苦的工作，我对这中年绅士无端肃然起敬起来。但一看他的译文却真使我失望，到处是错误，令人看了简直要生气。我没有别的办法，只好告诉他这书最好不要出版，出来对他也没有好处。他没说别的话，收起稿本来就向我告辞了。

自从我离开德国，那里的情形一天比一天坏。自命为世界上最优秀的民族而想征服世界的终于又被打倒在地上了，而且这次比上一次更彻底更厉害。外国的统治者在国内到处横行，没有一个人敢说什么。全国无论什么地方看到的只有悲惨与不安定。人们仿佛当顶挨了一大棍，都失掉了知觉，谁也不知道应该怎样说怎样想，到处是一片麻木。我上面说过，战争打到一半的时候，他们悲观动摇。但现在他们已经超过了悲观与动摇，简直是糊涂了。对德国人这是好是坏我不敢说。而且这现象也不只限于德国，欧洲别的国家也有，不过没有像德国那样厉害而已。无论怎样，对老子恐怕只有好没有坏，他的红运恐怕还要继续下去，谁也不敢说到什么时候。

1946年7月28日　南京

《儒林外史》取材的来源

在所有的中国长篇小说里，除了《红楼梦》以外，我最喜欢的就是《儒林外史》。平常翻看杂书的时候，遇到与《儒林外史》有关的材料，就随时写下来。现在把笔记拿出来一看，居然已经写了很多。其中有许多条别的学者也注意过[①]。但还有几条据我看以前任何学者没有注意到的，而这几条据我看对《儒林外史》取材来源的问题又可以给我们许多启示，所以我就在下面抄下来谈一谈。

尤侗《艮斋杂记》说：

> 箨庵官知府时，终日以围棋度曲自娱。长官讽言曰："闻君署中终日只闻棋声，笛声，曲声，是否？"袁曰："然。闻明公署中终日亦有三声。"长官问何声。袁曰：

[①] 参阅鲁迅《小说旧闻钞》、孔另境《中国小说史料》、蒋瑞藻《小说考证》。

"是算盘声，天秤声，板子声耳。"长官大惭，遂劾之落职。

褚人获《坚瓠集》十集卷一也记载了同一个故事：

又闻先生（袁箨庵）在武昌时，某巡道谓曰："闻贵府衙中有二声，棋子声，唱曲声。"先生对曰："老大人也有二声：天秤声，竹爿声。"某默然。未几先生遂挂弹章。

这两条笔记都记的是袁箨庵一个人的事，大概是根据的事实。《儒林外史》第八回也有一个相同的故事：

前任泉臬司向家君说道："闻得贵府衙门里有三样声息。"王太守道："是那三样？"蘧公子道："是吟诗声，下棋声，唱曲声。"王太守大笑道："却也有趣的紧。"蘧公子道："将来老先生一番振作，只怕要换三样声息。"王太守道："是那三样？"蘧公子道："是戥子声，算盘声，板子声。"

这里有两个可能：蘧太守或者就是影射的袁箨庵，或者影射的另外一个人，而吴敬梓却把袁箨庵的故事借来用到他身上。

《随园诗话》卷四说：

古闺秀能诗者多，何至今而杳然？余宰江宁时，有松江女张氏二人，寓居尼庵，自言文敏公族也。姐名宛玉，嫁淮北程家，与夫不协，私行脱逃。山阳令行文关提。余点解时，宛玉堂上献诗云："玉湖深处素馨花，误入淮西估客家，得遇江州白司马，敢将幽怨诉琵琶。"余疑倩人作，女请面试。予指庭前枯树为题。女曰：

"明府既许婢子吟诗，诗人无跪礼。请假纸笔立吟可乎？"余许之。乃倚几疾书曰："独立空庭久，朝朝向太阳。何人能手植，移作后庭芳？"未几山阳冯令来，予问张氏女作何办？曰："此事不应断离；然才女嫁俗商，不称。故释其背逃之罪，且放归矣。"问何以知其才。曰："渠献诗云：'泣诉神明宰，容奴返故乡。他时化蜀鸟，衔结到君旁。'"冯故四川人也。

这不完完全全就是《儒林外史》第四十回和第四十一回写的女诗人沈琼枝吗？

《酉阳杂俎》卷一说：

天宝末，交趾贡龙脑，如蝉蚕形。波斯言，老龙脑，树节方有。禁中呼为瑞龙脑。上唯赐贵妃十枚。香气彻十余步。上夏日尝与亲王棋，令贺怀智独弹琵琶。贵妃立于局前观之。上数子将输，贵妃放康国猧子于坐侧，猧子乃上局，局子乱，上大悦。时风吹贵妃领巾于贺怀智巾上，良久回身方落。贺怀智归，觉满身香气非常，乃卸幞头，贮于锦囊中。及上皇复宫阙，追思贵妃不已，怀智乃进所贮幞头，具奏他日事。上皇发囊泣曰："此瑞龙脑香也。"

《儒林外史》第五十三回也有一个类似的故事：

陈木南又要输了。聘娘手里抱了乌云盖雪的猫。望上一扑，那棋就乱了。

这同杨贵妃的故事完全一样。我不相信，这是偶合。我觉得这是吴敬梓有意的借用。

以上一共举了三个例子。仅就这三个例子说，我觉得我们就应该把自来对《儒林外史》取材来源的看法修正一下了。一般人都以为《儒林外史》里的人物大都是实有其人，上元金和的《跋》就开了一个名单。以后别人也作过同样的推测。我不否认，书中人物有很多是影射的真人；但倘若说，人既然是真的，事情也就应该是真的，这就有了问题。张铁臂的故事完全抄自《桂苑丛谈》，这别的学者也已经指出来过。我们在上面第三个例子里又指出来聘娘的故事抄袭的杨贵妃故事。这只是两个例子，实际上《儒林外史》借用以前笔记或小说的地方绝不会就只是这两处。从这里我们可以看出来，吴敬梓并不真是想替这些儒林里的人物立传，他是在作小说，同别的小说家一样。在以前的小说或笔记里，只要看到有用的材料，他就搜集起来，写到他自己的书里。倘若读者真正相信这书里所写的都是实有其人，实有其事，听了金和的话到雍乾间诸家文集里去搜寻，那就会徒劳无功了。

1948年1月23日　北大

《论语》与《孙子兵法》

　　一部人类文化史告诉我们，几千年来人类发展的文化不外两大文化体系，一个是东方文化，一个是西方文化。东西方文化的关系是"三十年河东，三十年河西"。以中国文化为基础的东方文化，曾在世界上占主导地位。资本主义兴起以后，西方文化取代了东方文化，垄断世界达数百年之久。现在似乎是渐渐成了强弩之末，济其穷者必然是而且也只有东方文化。

　　东方文化的基础是综合的思维模式，西方则是分析的思维模式。所谓"综合"，其核心是强调普遍联系，注重整体概念。表现在人与自然的关系上，就是人与自然为一整体，人与其他动物都包括在这个整体之中。中国的"天人合一"，印度的"梵我一如"，都是其表现。

　　我们东方文化是有些好东西，如《论语》中的一句话："己所不欲，勿施于人。"能做到这八个字，到共产主义也不过这个水平。类似这么精辟的话多得很。历史上讲宋太祖时赵普曾说过以半部《论语》治天下的话，有人说是胡说八道，我看实际上用不了半部《论语》，有几句话就能治天下。又如《孙子兵法》，海湾战争证明它起了作用。"兵不厌诈"，打击对方虚弱的地方，避开强的地方，这是很简单的常识。诸葛亮的作战经验就是体现《孙子兵法》的精神，体现整体概念。打仗要知天时、知地利、知人和。天、地、人，这就是整体概念。弘扬东方文化的目的，不仅是为了中国，更是着眼于世界，把全人类的文化提高一步。若干年以后，东方文化一定会将人类的文化提高到一个更高的水平。

《论语》据我所知，最早是由殷铎泽和郭纳爵译为拉丁文的，以后有了更多的译本，对西方产生了重大影响。《孙子兵法》也早就有了外文译本。现在，中国孔子基金会联合中国孙子兵法研究会共同监制出版这套《文韬武略宝典——〈论语〉与〈孙子兵法〉》世纪珍藏金版书，用最新的高科技手段将儒家经典《论语》和兵家经典《孙子兵法》合印在金纸上，从而使它具有更高的工艺性和珍藏价值。将两者结合，凸现了中国文化内容博大精深、文武相得益彰的特色。该书的出版，必将使人们进一步感受到东方文化的辉煌，对世界人民提供有益的借鉴与启迪。

2000年12月8日

（本文原文为《文韬武略宝典——〈论语〉与〈孙子兵法〉》序）

含英咀华古为今用

——就编纂《四库全书存目丛书》答记者问

一

问：《存目》的由来及编纂《存目丛书》的学术价值、社会意义。

答：将近三年以前，中国东方文化研究会历史分会刘俊文等同志开始酝酿《四库全书存目丛书》的编纂工作，得到了总会完全支持。又得到了广东三越公司陈显强先生的援助。最重要的是得到了一些国家领导人的题词鼓励。

《存目》的由来，要从乾隆下令编纂《四库全书》谈起。当时从全国征集到的图书共 10254 种。由于大家都知道的原因，这些图书并没有全部收入《四库全书》中。未收入的计有 6793 种，当时也各写一篇提要，称之为"附存目录"，简称"存目"。详情见杜泽逊先生的文章。《存目》中的书有的因为犯了清代的忌讳，未被收入。有的有其他原因，未被收入。收入者和未被收入者都各有良莠，不能一概而论。《存目》颇多稀见而极有价值之作。平时求之难得，现在一旦影印出版，对学者极为有用。

在全世界古今所有的国家中，文字记载量最大，质最高，历史最悠久，方面最广阔，而又持续数千年始终没有间断者，只有中国一家。此乃天下之公言，任何人都抹杀不了的。这是我们中华民族的骄傲，是我们中华民族的瑰宝，是对人类作出的最有价值的贡献，仅此一点就足以激发我们的爱国主义热情。当然，我们也不能否认，其中有精华，也有糟粕。但是，精华与糟粕绝不是像一般人想象的那样泾渭分明，有的是难以分辨的。而且这还会随时代的演变而互易其位。问题在于我们如何含英咀华，去糟取精，结合眼前情况和需要，达到古为今用的目的。

譬如，按照陈寅恪先生的意见，中国文化之定义，具于《白虎通》三纲六纪之说。这些纲纪学说，在中国历史上起过作用，也在不同时代受到激烈的批判。又譬如中国的"礼之用，和为贵"的说法也有过同样的遭遇。然而到了今天，我们全国人民正在努力建设有中国特色的社会主义。要想达到这目的，国内必须安定团结，必须"和"。纲纪学说，如果运用得法，可能调节社会秩序，可以加强安定团结。国际上何独不然！安定团结，和睦共处，是我们的命根子。能做到这一步，再济之以弘扬中华民族的优秀文化，发扬我们固有的爱国主义。我们必将立于不败之地，有中国特色的社会主义必能建成。这不但牵涉中国人民的恒久福利，而且也将有利于世界人民，有利于全世界人民共同走向大同之域。这是头等大事，焉能掉以轻心！

《四库全书》还有我们的《四库全书存目丛书》，就包含了大量的中国古代典籍。其中的许多典籍就包含着我上面谈到的那一些精神。

《四库全书》虽然被人贬为"四库残书"，这只是对部分书籍而言，并非全体。我们现在还必须利用《四库全书》，就因为它搜罗宏富，查用起来方便。我们的《存目丛书》也想达到同一个目的。

再进一步言之。弘扬中华优秀文化的号召得到了举国上下的同声赞扬。但是，文化的载体很多，非文字的载体也不少，比如长城就是。在众多载体中，文字载体，也就是古代典籍，占的地位最为重要。这一点也是不难理解的。中华典籍，浩若烟海。不用说一般老百姓，就是专门学者，查找起来，也会感到困难。有了《四库全书》再辅之以《存目丛书》，形成了一个整体，真所谓"珠联璧合"。因此，我们的书必将受到国内以及国际学术界的欢迎，这一点丝毫也没有怀疑的余地。

二

问：编纂《存目丛书》在学术界引起关注与讨论，海内外学人有何有益的建议？

答：这样一件大措施，引起关注与讨论是十分自然的。其中有赞同者，有反对者，有对我们的个别提法提出商榷者，这也是十分自然的。赞同者给我们以勇气，反对者给我们以镜子。他们都绝对是出以公心，都是想把事情办好，绝无个人恩怨。因此我们都非常感激。有好的建议，我们一定采纳，比如避免重复，我们就立即采纳了。限于篇幅，不能细说。

三

问：据记者所知，好多读者对《存目》的有关书籍不甚了解，担心一些低级趣味、迷信、黄色的书籍会借此流传。

答：这个问题是根本不存在的。读者将来看到我们出版的书，就能够知道。当年征集书籍时，通俗小说、弹词宝卷、科举时文及全毁书等都被排除在外。

四

问：总编纂认为还有何重要意见要告诉读者。

答：有两件事情，还要交代几句：

第一，我们《存目》唯一目的就是满足社会需要。我们原想按照经、史、子、集四部顺序出书。但是根据大陆上一些调查，还有台湾中国文教研究基金会的调查，社会上对子部需求量较大，所以我们决定先出子部。

第二，眼下，还有一部叫作《续修四库全书》的书正在编纂中。务请读者注意：这部书同我们的《四库全书存目丛书》完全是两码事，千万莫混淆。据我们了解，二者可能有一小部分书重复。我们的意见是：两部书印数都不可能太多。稍有重复，无伤大雅；二者并存，有利学者；可共戴天，同履大地。至于"修"，只要"修"得好，我们衷心赞扬。我辈自愧庸陋，不敢言"修"。俗话说：敲锣卖糖，各干一行，即此是也。

1994年11月24日

第三辑　雅文化与俗文化

范曾先生为季羡林先生作的肖像画

雅文化与俗文化

在中国，在文学艺术，包括音乐、绘画、书法、舞蹈、歌唱等方面，甚至在衣、食、住、行，园林布置，居室装修，言谈举止，应对进退等方面，都有所谓雅俗之分。

什么叫"雅"？什么叫"俗"？大家一听就明白，但可惜的是，一问就糊涂。用简明扼要的语句，来说明二者间的差别，还真不容易。我想借用当今国际上流行的模糊学的概念，说雅俗之间的界限是十分模糊的，往往是你中有我，我中有你，绝非楚河汉界，畛域分明。

说雅说俗，好像隐含着一种评价。雅，好像是高一等的，所谓"阳春白雪"者就是。俗，好像是低一等的，所谓"下里巴人"者就是。然而高一等的"国中属而和者不过数十人"，而低一等的"国中属而和者数千人"。究竟是谁高谁低呢？评价用什么来做标准呢？

目前，我国的文学界和艺术界正在起劲地张扬严肃文学和严肃音乐和歌唱，而对它们的对立面俗文学和流行音乐与歌唱则不免有点贬义。这种努力是未可厚非的，是有其意义的。俗文学和流行的音乐和歌唱中确实有一些内容不健康的东西。但是其中也确实有一些能对读者和听者提供美的享受的东西，不能一笔抹杀，一棍子打死。

我个人认为，不管是严肃的文学和音乐歌唱，还是俗文学和流行音乐和歌唱，所谓雅与俗都只是手段，而不是目的。其目的只能是：能在美的享受中，在潜移默化中提高人们的精神境界，净化人们的心灵，健全人们的心理素质，促使人们向前看，向上看，向未来看，让人们热爱祖国，热爱社会主义，热爱人类，愿意为实现人类的大同之域的理想而尽上自己的力量。

我想，我们这一套书系的目的就是这样，故乐而为之序。

1994年6月22日

（本文原文为《雅俗文化书系》序）

精华与糟粕

最近几十年来，中国文史界有一个口头语，叫作"批判继承"。说详细一点，就是对中国古代文化要"一分为二"，分清精华与糟粕，继承前者而批判后者。口号一出，天下翕然从之，几乎是每人必讲，每会必讲，无有表异议者，仿佛它是先验的，用不着证明。

但是，究竟什么叫作"精华"，什么又叫作"糟粕"呢？两者关系又是怎样呢？我——我看别人也一样——从来没有去认真思考过，好像两者泾渭分明，一看就能识别，只要文中一写，会上一说，它就成了六字真言，威力自在。

最近我那胡思乱想的毛病又发作起来，狂悖起来，我又仔细思考了这个问题，苦思之余，豁然开朗，原来这两个表面上看上去像是对立面的东西，不但不是泾渭分明，而是界限不清；尤有甚者，在一定的条件下，双方可以相互向对立面转化。

　　空口无凭，我举几个例子。孔子和儒学，在九十年前的五四运动时期，肯定被认为是糟粕，不然的话，何能喊出了"打倒孔家店"的口号？然而，时移世迁，到了今天，中国正在努力建设社会主义初级阶段的社会，还有什么人能说孔子和儒学中没有精华呢？这是由糟粕向精华转化的例子。另外一个例子是在改革开放以前思想大混乱的时期中，斗、斗、斗的哲学被认为是天经地义，当然是精华无疑了。然而到了今天怎样了呢？谁敢说它不是糟粕？这是一个从精华转化成糟粕的例子。我认为，这两个例子都是有说服力的，类似的例子还有很多，我不一一列举了。

　　但是，上面的例子还是过于简单化了一些，古往今来，实际的情况要复杂得多，精华与糟粕互相转化，循环往复，变化多端，想读者定能举一隅而以三隅反的。

　　这种情况的根源何在呢，我个人的看法是：时代随时在前进，社会随时在变化。每一个时代和每一个社会都有自己的特殊要求，在政治方面，在经济方面，在巩固统治方面，在保持安定团结方面，在发展文化教育方面，在提高人民的文化道德水平方面，等等，都有自己的特殊要求。能满足这个要求的前代或当代的理论、学说或者行动，就是精华，否则就是糟粕。但时代和社会是永不停息地变动着的，一变动就会提出新的要求。以不变应万变的理论、学说或者行动是不能想象的。

　　我的用意只不过是提醒人们：在讲出这近乎套话的"批判继承"和"要分清精华与糟粕"的时候，要稍稍动一点脑筋，不要让套话变成废话，如此而已。

1999年1月12日

漫话历史题材

　　粉碎"四人帮"以后，中国文艺界迎来了百花争妍、万紫千红的繁荣景象。许多被"四人帮"血口喷人诬陷打击的老作家恢复了名誉，振奋了心情，正在以"老骥伏枥，志在千里"的精神，从事写作，希望在有生之年写出更好的作品，为实现四个现代化贡献力量。一批年轻的小将，思想本来就没有多少框框，正在斗志昂扬，勇闯禁区，提出了一些发人深省的问题，写出了一些为广大人民群众所喜爱的作品。眼前的文艺界确实一派大好形势，无论谁看到都会感到由衷的喜悦。

　　是不是就没有问题了呢？我看，还不能这样说。有一些文艺工作者心有余悸，思想没有得到解放，前怕狼，后怕虎，活像小脚女人走路，同今天的形势，完全不能适应。甚至还有少数同志思想僵化，或者半僵化，望禁区而却步，谈帮派犹变色，无穷无尽的忧虑，数不完的清规戒律，这也不敢，那也不能。党的十一届三中全会已经决定把全党的工作着重点转移到社会主义现代化建设上来，第五届全国人民代表大会第二次会议已经开过，肯定了党的路线。在这样一个伟大的历史转折时期，这样一种精神状态是完全不适应的。群众"希望有更多的好作品出世"，文艺工作者必须倾听群众的呼声，满足他们的愿望。

这里面问题很多，我只谈一谈文艺作品的题材问题。

同别的问题一样，这个问题也让"四人帮"给搞乱了。根据马列主义经典作者的意见，题材本来不应该有什么限制的。主要问题是作者的世界观和阶级立场。这是决定一切的。但是"四人帮"却别有用心地叫嚷什么只准写十三年，否则就棍子乱打，辫子乱抓，帽子乱扣，仿佛犯了弥天大罪。就算是写十三年吧，他们又设置了种种障碍，又搞什么三突出，仍然是一系列的枷锁，套在作家的脖子上，让人们喘不出气来。总之，"四人帮"的险恶用心，就是扼杀一切文艺创作，只剩下他们的"样板"，只剩下他们的儒法斗争。

我现在想再把题材的范围缩小一下，缩到利用中外古代题材的问题上。这在"四人帮"横行时期，是不可想象的，没人敢谈的。连写鸦片战争以后的一百多年的历史人物和事件，连写解放后十七年的历史人物和事件都不允许，更哪能谈利用中外古代的题材呢？但是世界各国文学史都证明了相反的情况。各国都有一些伟大的作家利用历史资料而取得伟大的成绩的。在外国文学方面，我只举一两个例子。世界上最伟大的作家之一，英国的莎士比亚，大家都知道，他写过不少的历史剧，一直到今天还受到读者和观众的欢迎。也是属于世界上最伟大的作家之列的德国的歌德和席勒，也都利用历史题材写过不少受到人民群众热烈称赞的剧本。除了英国的莎士比亚、德国的歌德和席勒以外，各国文学史上都有很多的大作家，不管是戏剧家，是诗人，还是小说家，都曾利用历史题材写出了为当时的人民群众所欢迎而一直到今天还葆其青春活力的作品。

我现在再举一些中国的例子。在中国文学史上，利用历史题材的例子多不胜举。司马迁，大家都知道是一个伟大的历史学家，但是从另一个角度来看，他写的一些本纪和传，实际上是借历史人物的活动抒发自己的牢骚和愤懑，这些也都是文学作品。这当然同利用历史题材来创作还稍有所不同，我不过在这里顺便提一下而已。

真正利用历史题材来创作的例子也是很多很多的。唐代大诗人白居易的名篇《长恨歌》就是写的两个历史人物杨贵妃和唐玄宗的爱情。以后在宋代志怪及传奇文中，利用历史题材的还有不少，比如宋朝乐史作的《杨太真外传》，就是利用杨贵妃的故事；《赵飞燕外传》利用汉赵飞燕的故事。宋代的话本，历史题材更多，什么《唐太宗入冥记》《孝子董永传》等都是。利用唐僧玄奘赴西天取经的故事以创作文学作品，自宋元就已开始。到了明朝遂有了《西游记》这样脍炙人口的作品。《三国演义》《水浒传》也都可以说是历史题材。而从元代起，戏剧取材于历史的更是多得很，此风流传沿袭直至清代未衰。许多京剧或地方剧，题材都是从历史上取来的。有的是国家大事，也有些是市井小事。这些事件都变得家喻户晓，老幼皆知。过去许多不识字的老百姓之所以能够有一点中国历史的知识，主要原因就是他们看剧、听剧。我们现在真正没法估计，中国旧剧在这方面究竟作出了多大的贡献。

近代中国伟大的文学家鲁迅也曾利用历史题材写过一些小说，都收在《故事新编》里。鲁迅利用旧题材，态度是非常严肃的。好多故事内容都经过了一番考证，比如《出关》和《采薇》等。但这并不妨碍他用旧瓶盛新酒。他在这些小说中所表现的爱与憎，歌颂与讽刺，都是针对当前的人物和事件的，在这方面他的态度是非常鲜明的，一点也不含糊的。

我们为什么要利用历史题材呢？我们今天的文艺当然要以反映社会

主义社会生活为主，这是不容置疑的。我们今天要写的题材多得很。我们要描绘向四个现代化进军中的动人事件和英雄人物，借以鼓励大家前进。我们要提倡解放思想，开动机器，实事求是，团结一致。这是实现四个现代化所必不可缺少的。我们也要大力歌颂像张志新烈士这样的英雄人物、优秀党员。我们当然也要歌颂老一辈革命家的丰功伟绩。所有这一切都是为当前的政治服务的，都是实现四个现代化向着光辉灿烂的社会主义共产主义前进必不可缺少的。但是仅仅这一些还是不够的。文艺的生命在于丰富多彩，单调是文艺的大敌。仅仅用一种题材是完全不够的。我们要提倡风格多样化，形式多样化，体裁多样化，也要提倡题材多样化。正如吃饭一样，天天吃同样的东西，是会倒胃的。天天是阳春白雪，不行；天天是下里巴人，也不行。因此古代历史题材就是必不可少的了。它同现代、当代的题材是异曲同工，殊途同归。表面不同，实则一致，它除了给人以艺术享受外，还可以在某种程度上给人以历史知识，帮助人民总结历史经验，丰富人民的智慧，提高人民的民族自信心、自尊心，帮助人民从历史事件中吸取教训。分清是非，辨别邪正。像包拯、海瑞一样的清官，今天不正在受到一些老百姓的欢迎吗？

　　利用历史题材，并不等于写历史。我们当然不能歪曲历史，但也不必斤斤计较历史细节。题材是旧题材，思想内容却完全是新的思想内容。用句通俗的话就是"借题发挥"。借用历史题材抒发自己的感情。历代利用历史题材的诗歌、小说、戏剧，抒发出来的感情都是作者的思想感情。这也是毫无疑问的。在这里关键是作者，题材不是关键。鲁迅先生说：

　　　　我以为根本问题是在作者可是一个"革命人"，倘是的，则无
　　　论写的是什么事件，用的是什么材料，即都是"革命文学"。从喷
　　　泉里出来的都是水，从血管里出来的都是血。（《鲁迅全集》第三

卷，第 408 页，《革命文学》1927 年）

　　现在需要的是斗争的文学，如果作者是一个斗争者，那么，无论他写什么，写出来的东西一定是斗争的。（《鲁迅全集》第十卷，第 236 页，1934 年 10 月 9 日信）

我们首先都要争取做一个"革命者"，一个"斗争者"。只要有了这个先决条件，我们不妨提倡一下利用历史题材写诗、写小说、编剧本，在向四个现代化进军中，迎来一个比现在更为光辉灿烂的百花齐放、万紫千红的文艺的春天。

1979年6月30日

漫谈文学作品的阶级性、时代性和民族性

最近翻看宋人笔记，发现一条内容基本相同只是稍有改变的笔记，竟出现在八本书中。我现在从宋赵与时的《宾退录》卷九中把这条笔记抄在下面：

> 读诸葛孔明《出师表》而不堕泪者，其人必不忠。读李令伯《陈情表》而不堕泪者，其人必不孝。读韩退之《祭十二郎文》而不堕泪者，其人必不友。

这给我们提出了一个值得深思的问题。这条笔记始作俑者是谁，我想，我们不必去深究。既然它出现在几本书中，可见它触到了一些人的灵魂，引起了共鸣。我们今天读了，仍然会在不同程度上引起共鸣。至少是我自己，还有我认识的一些朋友，读了《出师表》《陈情表》和《祭十二郎文》，

确有想堕泪之意。这几篇古典文学作品确实触碰到了我们内心中的某一些地方，震撼了我们的灵魂，使我们受到感动，得到了"净化"。

但是，最近四五十年以来，我们的唯物主义的文艺理论告诉我们：文学作品是有阶级性的，是有时代性的，是有民族性的。《红楼梦》中贾府上的焦大不会喜欢林妹妹，事实昭著，不容否认。这一套唯物主义文艺理论，有其正确之处，也不容否认。

连不可能是历史唯物主义者的清代诗人赵瓯北也高唱："江山代有才人出，各领风骚数百年。"可是中国文学的发展却在一定程度上否定了赵瓯北的论点。李杜文章到了现代，经过了不是数百年，而是一千多年，仍然很"新鲜"。像李白、杜甫，中国还有一些诗人和散文家，诸葛亮、李密和韩愈就属于这一些人。外国也有一些作家和作品，可以归入这个范畴。

这些作家和作品的阶级性、时代性和民族性哪里去了呢？我个人觉得，倒是马克思主义的老祖宗马克思敢于说：希腊神话有永恒的魅力。

最现成最合理的解释就是，在承认文学作品的阶级性、时代性和民族性的同时，还承认一个贯通这些性，或者高踞于这些性之上的性：人性。我这种说法或者想法，在文艺理论家眼中，也只能是文艺理论幼儿园的水平。但是，在过去一段时间内，谁要提"人性"就是"人性论"，而"人性论"就是"修正主义"，离开反革命只有一根头发丝的距离了。我们今天托了改革开放的福，敢于把人性提了出来。我偶然读到宋人的笔记，心有所感，不避幼儿园之讥，写了以上这许多话。

1993年8月22日

东方风俗文化

在一般人心目中，一个民族的风俗习惯只不过是一些细微末节，不足以登大雅之堂。稍微对这个问题有点研究的人，都能知道，这个意见是不正确的。

从大处来看，风俗习惯是一个民族文化的组成部分，可能还是重要的组成部分。这些风习有的是在极长的历史时期中形成的。研究一个民族的文化而不深入研究风习，则所得结果必然是不全面的，甚至是错误的。稍微对这个问题有点研究的人，都会承认这一点。

从小处来看，一件件一桩桩的民族风习，往往能代表一个民族区别于另一个民族的特点。要同别的民族交往，必须懂得这些特点，不然的话，难免产生一些误会。小之引起一些不快，大之则能导致严重的后果。历史上这种事情已经发生过不少次了，并不是我在危言耸听。

东方国家的文化在世界上占重要的地位。在世界上四大文化体系中，东方就占了三个。与这几个文化体系密切相连的各民族的风俗习惯，千姿百态，丰富多彩。世界各国人民都必须了解这些风俗习惯。我们身为东方人，更应该了解这些风俗习惯。无论是研究工作者，还是外交官，涉外商人，凡是同东方各国民族接触的人都必须了解这些风俗习惯，否则不但工作做不好，而且还会做不下去。这对我们这样一个东方大国是非常不利的。因而是绝对不允许的。

但是怎样去了解这些五花八门的东方风俗习惯呢？每个人都亲临其国，那是绝对不可能的。只有靠书籍。过去没有这方面的书。即使有的书讲到一点，也只是一鳞半爪，而且往往只限于一个国家或者地区，只见树木不见森林，没法得到一个全面的了解。这应该说是东方文化研究界的一个 Desideratum①。

北京大学东语系的同志们，还有校外的一些志同道合的同志，密切协作，撰成了这一部有七十多万字的《东方风俗文化词典》，正弥补了这一个缺门。杜甫诗："好雨知时节，当春乃发生。"我想把这一部词典比作知时节的好雨。我相信，它会受到读者的热烈欢迎。

1987年12月15日

（本文原文为《东方风俗文化词典》序）

---

① Desideratum：需要的东西；想望的东西。

论书院

　　中国是世界上著名的文明古国。在全世界所有的国家中，中国是唯一的有长达几千年的延续不断的教育传统的国家。这个传统当然随着历史的发展而演变，到了19世纪末年，终于来了一个大转变：西方的资本主义教育制度传了进来，到现在也已有将近一百年的历史了。这个新教育制度，在中华人民共和国建立以后，虽经改造，基本上被保留下来。它起了很大的作用，但不能说完美无缺。为了适应社会主义建设的需要，重新对中国古今教育制度做一个全面的、实事求是的检查，显然是非常必要的。这个检查目前还只能非常简略。

一、中国历史上的教育制度 ①

　　中国几千年的教育制度，从组织结构上来看，大体上可

_____

① 这几节的论述主要根据毛礼锐主编的《中国教育史简编》，教育科学出版社1984年版。

以分为两类：一官，一私。远古时期，渺茫难窥，这里不谈。公元前三千纪末到二千纪中，夏代已有"庠""序""校"三种学校。到了公元前二千纪中叶至末叶的商代，又增加了"学"和"瞽宗"。"学"有大小之分。除了训练学生祭祀和打仗之外，还进行读、写、算的教学。西周集前代之大成，初步具有了学制系统。学制系统分国学与乡学两类。国学是中央官学，乡学是地方官学。国学分大学与小学两级。大学中有天子设立的五学和诸侯设立的泮宫。乡学中有塾、庠、序、校之分。这样一套制度对其后的中国教育有深远的影响。我国古代一直沿用此制，稍加变化，改换一些名称。西周国学的教育内容包括四个方面：三德、六行、六艺、六仪。其中六艺是最基本的。所谓六艺指：礼、乐、射、御、书、数。从字面上也可以看出来，这里面文武兼备，知识与技能并举。这种教育制是密切为当时的政治服务的。乡学以社会教化为务，内容有六艺、七教、八政以及乡三物等。总之，西周的教育已由殷商的宗教武士教育，转变为文武兼备的教育。

秦代实施以吏为师、以法为教的文教政策，是学校教育的一个倒退。

到了西汉，汉武帝正式制定了博士弟子员制度，兴办了太学。这在教育史上是一件大事。汉代官学分中央官学与地方官学两类，这里明显地受了西周的影响。

魏晋南北朝时期，封建官学时兴时废。

到了唐代，在初唐的一百多年内，生产发展，经济繁荣，成为世界上一个，也许是第一个强大的帝国。统治者对教育特别重视，官学达到了相当完善的地步，为以后的官学制度奠定了基础。这时的官学仍然分为两级：中央官学和地方官学。与前代不同之处在于组织更细致了，内容更丰富了。中央官学中的国子学、太学、四门学、广文馆都专修儒经。这可以说是唐代教育的主干。此外还有专修律学、算学、书学的学校，医学校，卜筮学校，天文、历算、漏刻学校，兽医学校，校书学校等。另外还有一些特殊学校。所有这些学校目的都是为当时的政治经济服务的。在教学行政方面，唐承隋制，设立国子监，管理六学，以祭酒为教育最高长官。国子监的职能一直保留到清代学部成立。不过明清两代，国子监常与国学、太学混称。

宋代的官学对学生入学资格逐渐放宽，教育对象不断扩大，学校类型增加了，教学内容扩大了，增设了武学和画学。

元代对我国古代地方官学有特殊贡献，创设了诸路阴阳学，发展了天文、历算等科技教育。又创设了社学，以满足农业的需要。此外还创设蒙古国子学与回回国子学。

明承元制，仍设社学，但以教化为主。国子学以学习儒家经典为主。地方官学，除治经外，礼、乐、射、御、书、数还设科分教。

清代教育制度多承前代旧制。国子监生的对象范围比以前更宽。地方官学比较普遍。教学内容仍以儒家经典为主。另设觉罗学、旗学、土苗学等。雍正、乾隆还设有俄罗斯学馆（堂），教汉满子弟习俄文。

我在上面简略地讲了我国古代的官学制，现在再讲一讲私学制。

古代私学包括家传与师授两种，起源极早。但是作为一种教育制度，则兴起于春秋战国之际。生产发展给私学奠定了经济基础。又由于复杂的政治斗争，需要兴私学，养士人。此外，文化下移也推动了私学的发展。在这样的情况下，私学在全国各地兴起，到了孔、墨两大显学崛起，私学发展如日中天。由此而形成的儒、墨两大学派互相攻伐，支配中国思想界达数百年之久。战国中期，百家争鸣，诸子私学蜂起。成为中国历史上最有活力的时代之一，影响深远。

到了汉代，经师讲学之风特盛。东汉私学学生人数超过太学。汉代官学和私学各有偏重，官学以今文经为主，而私学则以古文经为主，东汉末出现了综合今古的趋势，郑玄为代表。

在魏晋南北朝时期，私学稍衰，但仍盛于官学。

隋唐之际，官学繁荣，私学也极发达。隋王通私人讲学，唐代开国名臣中有一些人就出王通之门。唐代有的学者身在官学，却又私人授徒。

宋代私人讲学极为发达。南宋书院大兴。书院原为私学性质。但是，元明清书院渐有官学性质。到了后来，有的遭禁毁，有的沦为科举预备场所。

二、书院的滥觞与发展

书院是中国封建社会的一种教育组织形式，但并非中国所专有。我认为，古代希腊苏格拉底、柏拉图、亚里士多德等师徒授受的所在地叫akademe，也是一种类似中国古代书院的组织，只是后来没有像中国这样发达而已。书院以私人创办为主，有时也有官方创办的。其特点是，在个别著名学者领导下，积聚大量图书，聚众授徒，教学与科研相结合。从唐五代末到清末有一千年的历史，对我国封建社会的教育，产生过重大的影响。要读中国教育史，要研究现在的教育制度，应着重研究书院制度。从这个研究中，我们可以学习到很多有用的东西。

书院这个名称，始见于唐代。当时就有私人与官方两类。在最初，书院还仅仅是官方藏书、校书的地方；有的只是私人读书治学的地方，还不是真正的教育机构，清代诗人袁子才在《随园随笔》中写道："书院之名起唐玄宗时，丽正书院、集贤书院皆建于朝省，为修书之地，非士子肄业之所也。"但是，唐代已有不少私人创建的书院，《全唐传》中提到的有十一所。这些也只是私人读书的地方。

真正具有聚徒讲学性质的书院，起源于庐山国学，又称白鹿国庠，地址在江西庐山，为著名的白鹿洞书院的前身。陆游的《南唐书》中有关于庐山国学的记载。总起来看，聚众讲学的书院形成于五代末期。有人主张，中国的书院源于东汉的"精舍"或者"精庐"，实则二者并不完全相同。

北宋初年，国家统一，但还没有充足的力量来兴办学校，于是私人书院应运而起。庐山国学或白鹿国庠，发展为白鹿洞书院。接着有很多书院相继创建，有四大书院或六大书院之称。除白鹿洞书院外，还有岳麓书院、应天府书院、嵩阳书院、石鼓书院和茅山书院。

到了南宋，书院更为发达。其数量之多，规模之大，组织之严密，制度之完善，都是空前的，几乎取代了官学，成为主要教育机构。南宋书院发达，始于朱熹修复白鹿洞书院。后来朱熹又修复和扩建了湖南岳麓书院。书院之所以发达，原因不外是理学发展而书院教学内容多为理学；官学衰落，科举腐败；许多著名学者由官学转向私人书院；印刷术的发展提供了出书快而多的条件，而书院又以藏书丰富为特点。有此数端，书院就大大地发展起来了。

元代也相当重视文化教育事业，奖励学校和书院的建设。不但文化兴盛的江南普遍创建或复兴了书院，连北方各地也相继设立了书院。但书院管理和讲学水平都很低。

到了明初，情况又有了改变。政府重点是办理官学，提倡科举，不重视书院，自洪武至成化一百多年的情况就是这样。成化（1465—1487年）以后，书院才又得复兴。至嘉靖年间（1522—1566年）达到极盛。明代书院由衰到兴，王守仁、湛若水等理学大师起了重要的作用。为了宣扬他们的理学，他们所到之处，创建书院。明代末年影响最大的是东林书院。在这个书院里，师生除教学活动外，还积极参与当时的政治活动。这当然受到统治者的迫害，天启五年（1625年），太监魏忠贤下令拆毁天下书院，首及东林，兴起了中国历史上有名的迫害东林党人的大案。

到了清初，统治者采取了对书院抑制的政策。一直到雍正十一年

（1733 年）才令各省会设书院，属官办性质。以后发展到了两千余所，数量大大超过前代；但多数由官方操纵，完全没有独立自主的权力，因而也就没有活力。也有少数带有私人性质的书院，晚清许多著名的学者在其中讲学。

统观中国一千多年的书院制，可以看到，书院始终是封建教育的一个重要组成部分，与统治者既有调和，又有斗争。书院这种形式还影响了日本、朝鲜和东南亚一些国家。

这样的书院制有些什么特点呢？毛礼锐主编的《中国教育史简编》对中国书院的特点做了很好的归纳。我现在简要地叙述一下。他认为特点共有五个：

1. 教学与科研相结合

书院最初只是学术研究机关，后来逐渐成为教学机构。教学内容多与每一个时代的学术发展密切联系。比如南宋理学流行，书院就多讲授理学。明代王守仁等讲一种新的理学"心学"，于是书院也讲心学。到了清代，汉学与宋学对立，书院就重经学，讲考证。

2. 盛行"讲会"制度，提倡百家争鸣

在南宋，朱熹和陆九渊代表两个不同的学派。淳熙二年（1175年），两派在鹅湖寺进行公开辩论。淳熙八年（1181 年），朱熹邀请陆九渊到自己主持的白鹿洞书院去讲学，成为千古佳话。明代"讲会"之风更盛。王守仁和湛若水也代表两大学派，互相争辩。这种提倡自由争辩的讲会制度，一直延续到清代。

3. 在教学上实行门户开放

一个书院著名学者讲学，其他书院的师生均可自由来听，不受地域限制和其他任何限制。宋、明、清三代都是如此。

4. 学习以个人钻研为主

书院十分注重培养学生的自学能力，非常重视对学生的读书指导。

宋、元、明、清一些大师提出了不少的读书原则。有的编制读书分年日程。有的把书院的课程分门别类，把每天的课程分成若干节。他们都注意学生的全面发展。导师绝不提倡学生死记硬背，而是强调学生读书要善于提出疑难，鼓励学生争辩，教学采用问难论辩式。朱熹特别强调："读书须有疑"，"疑者足以研其微"，"疑渐渐解，以致融会贯通，都无所疑，方始是学"。吕祖谦更提出求学贵创造，要自己独立钻研，各辟门径，不能落古人窠臼。总的精神是要学生不断有发明创造。

5. 师生关系融洽

中国教育素以尊师爱生为优良传统。这种精神在私人教学中表现得尤为突出。书院属于私人教学的范畴，所以尊师爱生的传统容易得到体现，在官办学校中则十分困难。朱熹曾批评太学师生关系："师生相见，漠然如行路之人。"他指出，其原因在于学校变成了"声利之场"，教学缺乏"德行道艺之实"。他自己身体力行，循循善诱，对学生有深厚感情。但是，他对学生要求极严，却不采取压制的办法。他说："尝谓学校之政，不患法制之不立，而患理义之不足以悦其心。夫理义不足以悦其心，而区区于法制之末以防之，其犹决湍水注之千仞之壑，而徐翳萧苇以捍其冲流也，亦必不胜矣。"（见《晦庵文集》，卷七十四）这些话到了今天还很值得我们玩味。明代王守仁也注意培养师生感情。明末的东林书院，师生感情更是特别深厚。

上面我撮要叙述毛礼锐等的对书院特点的五点总结。在组织管理方面，书院也有特点，如管理机关比较精干，经费一般能独立自主等。

三、新教育制度的兴起

随着西方殖民主义者侵略的加强，随着清代封建统治的日益腐朽，自19世纪中叶起，中国有识之士就痛切感到，中国的政治经济等非改革不行，教育当然也在改革之列。魏源认为，理学"上不足制国用，外不足靖疆圉，下不足苏民困"，简直是一点用处都没有。他主张向西方学习，改造中国的传统教育。魏源以后直至19世纪末叶，有不少人说八股文无用，主张翻译外国书籍，引进外国制度。洋务运动兴起以后，新教育也随之而兴，创建新型学校，设立同文馆，学习外国语文，开展工业技术教育，创办船政学堂、机器学堂、水师学堂、武备学堂、水陆师学堂，派遣留学生，等等。1898年百日维新以后，设立京师大学堂，为现在北京大学的前身。又逐渐废科举，废八股文。经过了许多波折，以西方资本主义教育为模式的中国新教育制度基本上建立起来，在中国教育史上开辟了新的一章。

四、书院在今天的意义

我在上面非常简略地叙述了中国几千年教育发展的历史，从奴隶社会，经过封建社会，一直讲到近代受西方资本主义教育影响的新教育制度。我着重讲了书院制度。到了今天，我们已经进入了社会主义初级阶段。我们的教育已经超越了封建教育和资本主义教育。中国历史上的书院在今天还有意义吗？为什么最近几年来又出现了书院这个名称和组织呢？这是一种倒退呢，还是一种进步？这一些都是我们非思考不行的问题。

为了说明问题，我先举一个眼前的例子。1984年，北京大学哲学系中国哲学史教研室一些教师创办了中国文化书院。没有接受政府一文资助，在不长的时期内就做出了巨大的成绩，取得了惊人的发展。书院团结了一些大学和社会科学院以及其他机构已退休或尚未退休的教授和研究员；同台湾学者加强了联系；同海外华裔和非华裔学者建立了经常的巩固的关系；开办了一系列的讲座；出版了一批学术著作；建立了口述历史和为老学者录音录像的机构，等等。建立一个藏书丰富的专业图书馆的工作也正在进行。全院的同人们正在斗志昂扬地从事书院的建设和开拓。这样的成绩当然引起了社会上的注意。在不太长的时期内，以书院命名的机构接踵兴起，形成了一股"书院热"。这些书院的兴起是否就是受了中国文化书院的影响，我不敢说，它们的详细情况，我也不清楚。我只想指出，有这样多的书院已经建立起来，这个现象值得我们思考而已。

为了回答我在上面提出的有关书院的问题，我现在想结合古代中国书院的那些特点和当前中国文化书院的经验，谈一谈书院在今天的意义。我想从六个方面来谈：

1. 书院可以成为当前教育制度的补充

我国今天的教育制度，从内容上来看，应该说是社会主义的。但是从组织上来看，基本上是西方那一套。我们同资本主义国家一样，需要大批的建设人才。封建主义那种小批量培养人才的方式，远远不能满足要求。我们只能采用西方资本主义国家的大批量的生产方式，这种方式须要有严格的教学计划、课程设置、学分计算、教学组织，一切都要标准化、计量化。资本主义国家大学里计算学分的办法，一方面能比较精确地确定学生的学习量，满了一定的学习量才能毕业；另一方面也用来确定教师的教学量，以便取得报酬。这一切都是资本主义的核心精神金钱问题所决定的。我们之所以采用这种制度，当然不是为金钱问题所左右，而是为了适应大批量培养人才的需要。

仅仅采用这样的制度够不够呢？我认为是不够的。在中国几千年的历史上，办教育一向是官、私两条路，这也可以说是一种两条腿走路吧，两者互相补充，历史证明是行之有效的。可是现在我们只剩下一条腿，只剩下官方一途，私人教育基本上不存在了。我个人认为，这无疑是一个损失。在过去执行这个政策，道理还能讲得通。今天在大家觉悟普遍提高的基础上，国家又正在进行改革，在教育方面是否也可改革一下呢？如果可以的话，提倡创办书院，鼓励私人办学，继承我国的优秀传统，实在是可以试一下的。

书院这种形式能适应今天的情况吗？我不妨先举一个例子。清华大学在建成大学以前是留美预备学校。到了 20 年代初，又创办了一个研究国学的机构，聘请王国维、梁启超、陈寅恪、赵元任为导师。这也是一种双轨制：一条轨道是西方式的新制度，有严格的教学计划，开设课程，计算学分，规定毕业年限，决定招生办法，都按计划进行。另一条轨道是什么计划也没有，招生和毕业都比较灵活。在一所学校内实行两套办法。如果想做比较研究，这实在是最好的样板。比较的结果怎样呢？正规制大学大批量地培养了国家建设所需要的干部，也出了一些著名的学者、教授。那个不怎么正规的国学研究部门，培养出来的人数要少得多，但几乎个个都成了教授，还不是一般的教授。这个结果实在值得我们深思。

清华的国学研究部门无书院之名，而有书院之实。它不能算是私人创办的，其精神却与古代书院一脉相通。另外一个例子是章太炎在苏州创办的国学研究所，也培养了一些人才。我在这里举的例子都属于国学范畴，其他学科我认为也是可以尝试的。这说明，私人办的书院在今天仍有其意义。古代书院那一些优良传统，比如说讲会制度，提倡自由争辩，门户开放，注意培养学生独立钻研的能力，师生关系融洽，等等，我们在书院中都应该继承和发扬。只希望我们教育当局找出一种承认书院学生资格的办法，不用费很大的力量，培养人才的数量就可以增加，质量也可以提高。何乐而不为呢？

2. 书院可以协助解决老年教育问题

据说现在世界上有一个新名词，叫作"终生教育"。中国的成人教育有一部分同它类似，但似乎不包括老年教育，所以二者不完全相同。外国许多老人，在退休之后，到大学里报名入学，读硕士或博士学位。中国还没听说有这种情况。但是，今天中国人的平均寿命已经大大地提高，老人将会越来越多。有朝一日，老人教育也会成为问题的。我认为，书院可以帮助解决这个问题。

3. 书院可以发挥老专家的作用

中国人平均寿命越来越高，老教授、老专家退休后活的时间也会越来越长。这是件好事，但也带来了新问题。这些老教授、老专家退休后作用如何发挥呢？方法当然有多种多样，有的可以继续著书立说，有的可以当顾问，有的可以联合起来，搞一些社会福利事业。但是，没有适当的机构加以组织，他们的作用发挥有时会碰到困难，交流信息也会受到障碍。在今天社会上想单枪匹马搞出点名堂，几乎是不可能的。

我在这里想特别提一下博士生导师的问题。这些导师绝大部分都是有真才实学的，而且是经过了一定的选举和审批手续，才获得博士导师的资格的。他们到了年龄退休以后，有的为本校或本研究院返聘，继续指导博士生。但是也有一些，由于种种原因，拒绝返聘，不接受指导博士生的任务。现在全国博士生导师为数不多。老的退休了，新的上不来。许多大学都面临着这种青黄不接的局面。中年博士生导师，有的也有相当高的水平；可是在某一些方面，一时还难以达到老专家的水平。在这样的情况下，如果再让一些有能力的老教授老专家投闲置散，对国家是一个损失。这样下去，对我国博士生的培养工作是非常不利的。倘若有一些书院一类的机构，退休老教授乐意在里面工作，乐意指导研究生，岂非两全其美？中国文化书院就有这样的导师，可惜格于现行的制度，他们无法指导博士研究生。如果有关当局本着改革的精神，授权给某一些有条件的书院，让已经取得带博士生资格的老教授老专家在这里指导博士生，对我们国家的教育事业不是一个大贡献吗？我个人认为，将来培养博士或博士后的任务可以分一点给书院。国务院学位委员会和国家教委应该承认这样培养出来的博士的资格，并且一视同仁地发给证书。这样一来，国家出不了多少钱，既调动了退休老教授老专家的积极性，又培养了高级人才，促进了学术的发展，岂非一举数得吗？

4. 书院可以团结海内外的学者

中国文化书院聘请了一些学有专长的导师，已经退休的和尚未退休的都有；海内外的学者都有，不限于华裔。同时也不时邀请海外学者来院做学术报告或参加座谈会。特别值得一提的是，这样的学者中也有台湾学者。这在当前是非常有意义的工作，不言而喻。这样的工作由政府机构出面来做，不如由民间机构。原因是，这样可以绕开台湾当局制造的一些困难。海峡两岸的学者都有一个共同的愿望：祖国统一。不管通过什么途径来大陆的台湾学者，同大陆的同行们，共同在学术上切磋琢磨，互相启发，不谈政治问题，而心心相印。

5. 书院可以宣扬中国文化于海外

中国有极其悠久、极其优秀的文化传统，对全世界文化的发展起过重大的作用。近代以来，我们开始向西方学习，这是完全必要的。到了今天，我们强调开放，其中包含着向外国学习，这也是完全必要的。但是，既然讲文化交流，就应该在"交"字上做文章。这并不等于要等价交换，出和入哪一方面多了一点或少了一点，这无关重要。但是，如果入超或出超严重，就值得考虑。以我的看法，现在我们是入超严重，出几乎等于没有。难道我们都要变成民族虚无主义者吗？现在世界上许多文化先进国家对我国的文化，特别是近现代的文化了解得非常少，有时候简直等于零。这不利于国际大团结，也不利于我们向外国学习。可惜这种情况还没有引起应有的重视。中国文化书院任务之一，就是向外国介绍中国文化，它已经做了大量的工作，今后还将坚持不懈地继续做下去。我们绝不搞那一套什么都是世界第一，那是自欺欺人之谈。但也绝不容许中外不管什么人士完全抹杀中国文化的精华。那也不是实事求是的态度。

6. 书院可以保存历史资料

从中国文化书院的经验来看，书院可以在保存历史资料方面做不少的工作。中国文化书院目前正在进行的有关这方面的工作有两项：一是记录口述历史；一是为老学者老专家录音录像。这都是有意义的工作，还带有点抢救的性质。这里的工作对象当然不是什么国家显要人物。但是难道只有国家显要才有被录音录像的资格吗？为这些人进行这样的工作，很有意义，我完全拥护。为并非显要而在某一方面有点贡献的人，进行这样的工作，也自有其意义，这也是了解我们民族的历史所不可缺少的。

我在上面从六个方面谈了书院在今天的意义。当然不会限于这几个方面，我不过目前只想到这些而已。归纳起来，我们这样说，在中国流行了一千年的书院这种古老形式，在今天还有其意义。我们完全可以取其精华，去其糟粕，利用这个形式，加入新的内容，使它为我们的社会主义建设服务。

1988年6月24日写完

柳暗花明又一村

——纪念中国文化书院创建十周年

　　回忆有的甜蜜，有的痛苦；有的兴奋，有的消沉；有的令人欢欣鼓舞，有的令人垂头丧气；有的令人觉得"山重水复疑无路"，有的令人感到"柳暗花明又一村"。

　　对中国文化书院的回忆，我却只有甜蜜，只有兴奋，只令人欢欣鼓舞，只令人感到"柳暗花明又一村"。

　　回想整整十年以前，北京大学哲学系的几个年轻教员，在系内外、校内外的几个老教授的支持下，赤手空拳，毅然创建了中国文化书院。当时，研究中国文化的风气，虽已稍有兴起之势；但还没有真成气候，后来的所谓"文化热"还没有形成。但是，这一批包括老、中、青三个年龄层次的学人，不靠天，不信邪，有远见，有卓识，敢于"筚路蓝缕，以启山林"，山林终于被他们开辟了。到了今天，在并不能算是太长时间的十年内，他们团结了不少位国内大学和科研机构从事中国文化研究的著名的学者，还有台湾省的学者、美国的华侨和华裔学者，还有一些外国学者。举办和参加了许多学术活动，出版了一些学术著作，在国内外已经颇有点名声，借用一句古老的俗语，中国文化书院已经"够瞧的"了。

中华民族是一个伟大的民族。中国文化是过去几千年中华各民族智慧的结晶。博大精深，彪炳寰宇。但是，正如人世间一切好东西一样，中国文化也遭受过厄运，碰到过挫折。太远的历史不必提了。仅就现当代而言，就遇到过两次极大的灾难，一次是五四运动，一次是"十年浩劫"。五四运动那一次，我认为，还情有可原。想要破坏封建、顽固、僵化、倒退的那一套东西，把国外先进的东西引进来，不能不采取些过激的手段，泼洗澡水暂时连孩子也泼掉了，不得已也。矫枉要过正，有时也真难以避免。但是，"十年浩劫"却是另外一码事，性质迥乎不同。浩劫的目的就在于破坏，盲目地、残暴地、毫无理智地、失去一切人性地、一味地破坏，破坏，破坏，不但把孩子泼掉，连洗澡盆也不要了。这是人类空前的悲剧，其结果是众所周知，有目共睹的。

然而，正如中国俗话所说的那样：真金不怕火炼。中国文化是真金，不但不怕火炼，而且是越炼越精，越光辉闪耀。在中国，改革开放以后，有头脑的（我说的是：有头脑的！）人们认真进行了一番反思，承认了中国文化的价值，而且决心发扬光大之，为了中国人民的利益，为了世界人民的利益。在外国，那里的有头脑的人士根本用不着反思。他们对中国特有的所谓"文化大革命"，早就惊愕不已，嗤之以鼻，深恶而痛绝之，不用反思什么。总之，在国内外，中国文化的价值又重新得到确认。前几年发生的著名的"海湾战役"，中国的孙子兵法曾大显神通，这是人所共知的事实。

当然，我们也必须承认，金无足赤，人无完人，中国文化也不会都是精华，也有糟粕。我们应当实事求是地取其精华，去其糟粕。但是对中国文化来说，糟粕毕竟是次要的。在这里我们应该"立"字当头，而不应该"破"字当头。一字之差，天地悬殊，明眼人自会体会其中微妙而又巨大的差别。我看，这一个"破字当头"，实质上就是"十年浩劫"的指导思想。

中国文化的遭遇是这个样子。中国文化书院的遭遇也几乎完全一样。在人世间，任何个人，任何事业，在任何地区，在任何时代，总都不会一帆风顺的。前进的路上，绝不会时时处处都铺满了芬芳扑鼻的玫瑰花。总是既有阳关大道，也有独木小桥；既有朗日当空，也有阴霾蔽天。这是正常的现象，"无复独多虑"。一个真正的人，一个真正的团体，一定会承认这个人世间普遍的现象的。在承认的基础上，处变不惊，自强不息，勇往直前，义无反顾。古代印度哲人有一句名言：真理必胜（Satyam eva jayate）。这真是至理名言，征之历史和现实的事实，总逃不出这一句话的。

我们中国文化书院的同人们，是有自知之明的，我们既不妄自尊大，也不妄自菲薄。在弘扬中华优秀文化方面，我们不敢后人。我们院内的老、中、青三代同人们，是非常团结的，因为我们的目标是一致的。我们都认识到自己事业的正义性，我们的认识又是一致的。在内部团结的基础上，我们广交天下仁人志士和所有的志同道合者，同心协力，为了一个共同的目标而努力奋斗。

我们面前的困难还不少，我们从来也没有妄想只有阳关大道。但是，起码我个人总有一个感觉，借用宋人的诗句就是："严霜烈日都经过，次第春风到草庐。"再借用放翁的一句诗："柳暗花明又一村。"

1994年7月19日

关于神韵

在中国文学批评理论中，神韵是一个异常重要的词儿，一个异常重要的概念。无论是谈诗、论画，还是评品书法，都离不开它。从六朝以来，文人学士不断地使用这个词儿。与这个词儿有密切联系，有时候甚至难以区分的词儿，还有气韵、神等，含义都差不多。

南齐谢赫的《古画品录》中，在评品顾骏之的画时，说："神韵气力，不逮前贤；精微谨细，有过往哲。"唐张彦远的《历代名画记》中说："至于鬼神人物，有生动之可状，须神韵而后全。"此后历代都有人谈到神韵。比如苏轼、胡应麟、王夫之、王士禛、翁方纲等①。讲气韵的有谢赫的"气

---

① 参阅敏泽《中国文学理论批评史》（下），人民文学出版社 1981 年版，第 891—897 页；钱锺书《谈艺录》，中华书局 1984 年版，第 40—44 页。

羡林按：此文付排后，接香港中文大学饶宗颐教授函。他对拙

韵生动"，《扪虱新语》的"文章以气韵为主"等。讲神的有《沧浪诗话》的"入神"等。神韵一词儿，除了应用于文章、艺术等方面外，也用来评论人物，比如《宋书·王敬弘传》："敬弘神韵冲简，识宇标峻。"

尽管神韵这个词儿应用相当广，时间相当长，但是到了清初王士禛笔下，它才具有比较固定的含义。王士禛是中国文学批评史上有名的"神韵说"的倡导者。由于他在诗坛上崇高的地位，他的神韵说影响广被，俨然成为诗艺理论的大宗。在这样的情况下，王士禛谈论神韵的时候就非常多。我在下面节引几条，详细情况请参阅敏泽和其他中国文学批评史学者的著作。

《带经堂诗话》卷三：

> 神韵二字，予向论诗，首为学人拈出，不知先见于此。
> 唐人五言绝句，往往入禅，有得意忘言之妙。
> 表圣论诗，有二十四品。予最喜"不著一字，尽得风流"八字。

同上书，卷四：

> 严沧浪论诗云："盛唐诸人，唯在兴趣，羚羊挂角，无迹可求，透彻玲珑，不可凑泊，如空中之音，相中之色，水中之月，镜中之象，言有尽而意无穷。"

文提了几点意见，我觉得很有启发，现节录原信附在这里："汉土'神韵'一词，见于谢赫《古画品录》……似先取以论画，其实晋世品藻人物，屡用天韵、性韵、风韵一类词语。神韵亦然，本以论人，继以论画，复借以论诗耳。未知然否？"

同上书，卷二：

> 严沧浪《诗话》借禅喻诗，归于"妙悟"二字，及所云"不涉
> 理路，不落言筌"，又"镜中之象，水中之月，羚羊挂角，无迹可
> 寻"云云，皆发前人未发之秘。

上面引的这几条，可以说明王士禛对神韵的理解。他一再强调以禅喻诗，强调镜中之像，水中之月，羚羊挂角，无迹可寻，不著一字，尽得风流，等等。他是利用形象的说法，比喻的说法，来阐明他对神韵的理解。

我在这里还必须加上几句。钱锺书引《沧浪诗话》："其（诗）大概有二：优游不迫、觉着痛快。诗之极致有一：曰入神。诗而入神，至矣尽矣，蔑以加矣。惟李杜得之。"他接着说："可见神韵非诗品中之一品，而为各品之恰到好处，至善尽美。"[①]在严沧浪眼中，李杜有李杜的神韵，王韦有王韦的神韵。但是王士禛出于自己的爱好，抑前者而扬后者，把沧浪的神韵尽归后者。此事翁方纲已经指出来过。在《复初斋文集》卷八，《神韵论》中说："其实神韵无所不该……有于实际见神韵者，亦有于虚处见神韵者，有于高古浑朴见神韵者，亦有于情致见神韵者。"王士禛的理解，钱锺书说是"误解"。我个人认为，说是曲解，或者更切近事实。王渔洋喜欢优游不迫的诗，他自己的创作也属于这一类；他不喜欢沉着痛快的诗。这完全是个人爱好，未可厚非。但是他却根据自己的爱好，创立神韵说。他就不得不曲解严沧浪的说法，以偏概全。不过，王士禛的做法也有历史渊源。钱锺书引明末陆时雍的说法，隐承沧浪，而于李杜皆致不满。就属于这一类。

---

① 钱锺书：《谈艺录》，中华书局 1984 年版，第 40—41 页。

历代关于神韵的说法就介绍到这里。尽管许多文人学士，特别是倡导神韵说的王士禛发表了这样多的看法，神韵的含义是否弄清楚了？别人不知道，我自己是并不清楚的。我越看越不清楚，只觉得眼前一片朦胧，一团模糊。那许多形象的说法、比喻的说法，当然给了我一些生动的印象；可是仔细一想，仍然不知道神韵究竟是什么东西。我自己仿佛也在参禅，越参越模糊，最终是羚羊挂角，无迹可求。我自知是钝根，不敢期望顿悟。

神韵真如神龙，令人见首不见尾，或者首尾皆不能见。难道我们真没有法子弄明白了吗？事实上，中国所有讲神韵的书籍和文章，不管是古还是今，没有哪一个说明白了的。连倡导神韵说的王士禛也不例外。我不是研究文艺理论的专家，不过多少年来对此问题也颇感兴趣，我也曾思考过，探索过。我现在想尝试着走一条过去从没有人走过的路，我想利用印度的古典文艺理论来解释一下神韵的含义。知我罪我，自有解人；始作俑者，所不敢辞。

印度文艺理论研究有悠久的历史，在世界上独成体系。公元9世纪至10世纪是发展的鼎盛时期，也可以说是开创新局面的时期，是一个转折点，一个新纪元。9世纪出了一位欢增（Ānandavardhana）。他的名著《韵光》（Dhvanyāloka），把语法学家、逻辑学家和哲学家的分析运用到诗的词和义（形式和内容）的分析上来。10世纪出了一位新护（Abhinavagupta）。他的名著《韵光注》和《舞论注》，继承和发展了欢增的理论。他们的理论以韵论和味论为核心，展开了一系列的独辟蹊径的探讨，从注重词转而为注重义，打破了以前注重修辞手段的理论传统，创立了新的"诗的灵魂"的理论，也就是暗示的韵的理论。

这个理论的轮廓大体如下①。词汇有三重功能，能表达三重意义：

---

① 主要根据 M.Winternitz，Geschichte der lndischen Litteratur，3.Bd.S.17-

一表示功能表示义（字面义，本义）；

二指示功能指示义（引申义，转义）；

三暗示功能暗示义（领会义）；

以上三个系列又可以分为两大类：说出来的，包括一和二；没有说出来的，包括三，在一和二也就是表示功能和指示功能耗尽了表达能力之后，暗示功能发挥作用。这种暗示就是他们所谓的"韵"。《韵光》第一章说：

> 可是领会义，在伟大诗人的语言（诗）中，却是〔另外一种〕不同的东西；这显然是在大家都知道的肢体（成分）以外的〔不同的东西〕，正像女人中的（身上的）美一样。①

这种暗示功能、暗示义（领会义）有赖于读者的理解力和想象力，可能因人而异，甚至因时因地而异，读者的理解力和想象力在这里有极大的能动性，海阔从鱼跃，天空任鸟飞，这也许就是产生美感的原因。这种暗示就是这一批文艺理论家的所谓韵（dhvani）。在审美活动过程中，审美主体的主观能动性发挥得越大，他就越容易感到审美客体美。这就是"韵"的奇妙作用。韵是诗的灵魂。他们举出的例子是："恒河上茅屋。"表示义是："恒河上。"指示义或引申义是："恒河岸上。"暗示义是"凉爽""圣洁"，因为恒河是圣河，恒河上茅屋是修道人所居之处。他们把诗分为三个层次：第一，真诗，以没有说出来的

18；《古代印度文艺理论文选》，金克木译，人民文学出版社 1980 年版，第 13-15，52-75 页；黄宝生《印度古代文学》，知识出版社 1988 年版，第 162-171 页。

① 《古代印度文艺理论文选》，金克木译，人民文学出版社 1980 年版，第 56 页。

东西也就是暗示的东西为主；第二，价值次一等的诗，没有说出来的只占次要地位，只是为了装饰已经说出来的东西；第三，没有价值的诗，把一切重点都放在华丽语言上，放在雕琢堆砌上。在这里，可以说是层次分明，没有说出来的暗示的东西，其价值超过说出来的东西，在说出来的东西中辞藻雕饰最无价值。

我在这里想顺便补充上几句。在中国文艺理论发展史上，也有一派学说反对六朝一味追求辞藻华丽、如七宝楼台的那一种文体，而主张返璞归真。这种理论可以同印度的韵论互相参证。王静安隔与不隔的学说在精神上也有与此相通之处，耐人寻味。

在印度影响深远的韵论，内容大体上就是这个样子①。我觉得，从这极其简略的介绍中也可以看出，中国难以理解的神韵就等于印度的韵。中国的神韵论就等于印度的韵论。只因中国的文艺理论家不大擅长分析，说不出个明确的道理，只能反反复复地用一些形象的说法来勉强表达自己的看法，结果就成了迷离模糊的一团。一经采用印度的分析方法，则豁然开朗，真相大白了。

我现在再进一步比较具体地分析一下中国那些用来说明神韵的词句。"不著一字，尽得风流。"字是说出来的东西，不著一字就是没有说出来，因此才尽得风流。"羚羊挂角，无迹可求。"羚羊挂角，地上没有痕迹，意味着什么也没有说出。"空中之音，相中之色，水中之月，镜中之象。"每一句包含着两种东西，前者是具体的，说出来的，后者是抽象的，没有说出来的，捉摸不定的，后者美于前者，后者是神韵之所在。"言有尽而意无穷。"言是说出来的，意是没有说出来的。"得意忘言。"与前句相同。神韵不在言而在意。此外，还有什么"蕴

---

① 现代西方兴起的诠释学的理论，有与此相通之处。这种理论主张，一部作品有许多层的意义：文字里的、文字外的、由声音引出的、与读者无声对话所引起的。我觉得可以拿来比较一下。

藉""含蓄"等，无不表示同样的意思。那一些被神韵家推崇的诗句，比如"兴阑啼鸟尽，坐久落花多"等，这些诗句当然表达一种情景，但妙处不在这情景本身，而在这情景所暗示的东西，比如绝对的幽静、人与花鸟、物与我一体等。这些都是没有说出来的东西，这就叫神韵。《沧浪诗话》中说："不涉理路，不落言筌者，上也。"这些都是在理路和言筌之外的，所以才能是"上也"。

至于王渔洋所特别推崇的以禅喻诗的做法，也同样可以用印度的韵论来解释。在中国禅宗史上，几乎所有的大师在说法和行动中，都不直接地把想要说的意思表达出来，而是用一声断喝，或者当头一棒，或者说一些"干屎橛"一类的介于可解与不可解之间的话，来做出暗示，让自己的学生来参悟。在这里，关键在于听者或受者，老师说出来的或者做出来的，只是表面现象。没有说出来的或做出来的才是核心，才是精神，这样的核心和精神需要学生自己去顿悟。断喝一声有大道，一句干屎橛中有真理，这很有点像诗的神韵。王渔洋等之所以喜欢以禅喻诗，道理就在这里。

用印度文艺理论帮助解释中国文艺理论中的一些问题，我的尝试就截止在这里。最近几年，只要有机会，我就宣传，学习文艺理论要学四个方面：马克思主义文艺理论，中国文艺理论，印度文艺理论，自古代希腊一直到现代的欧美文艺理论。我虽然大声疾呼，但是从来没有举出一个例证。现在我举了一个有关神韵的例子。我希望，这一个小小的例子能够说明，四个方面的文艺理论之间，确实存在着不少可以互相参证的东西。我也希望，过去可能认为我那种说法难以理解的文艺理论工作者，现在承认我的想法并非胡思乱想。能达到这一步，我也就满足了。

但是，对于问题的探讨还不能到此为止，还有个别问题需要加以研究。韵的理论，暗示的理论，本来是属于意义范畴的，为什么中国用"韵"字，印度用 dhvani 这两个都属于声音范畴的词儿来表达呢？又为什么中国同印度没有事前协商竟都用表达"韵"的含义的声音符号来表达呢？中国古人说过："人同此心，心同此理。"在这里这个"理"究竟何在呢？

在印度，我们译为"韵"的那个字 dhvani，来源于动词根 vdhvan，意思是"发出声音"，后来演变为"暗示"。因为，正如我在上面已经谈到的那样，印度"韵"的理论家把分析语法，分析声音的办法应用到分析文艺理论概念上来，所以，他们使用 dhvani 这个词儿，还是沾边的，还是可以理解的。但是，一到中国，似乎就有点难以理解了。汉文"韵"字，从形体结构上来看，从偏旁"音"来看，它是表示声音的，与意义无关，至少关系不大。《文心雕龙》卷七《声律》第三十三："异音相从谓之和，同声相应谓之韵。"《文镜秘府·四声论》引作："异音相慎（顺）谓之和，同声相应谓之韵。"范文澜《文心雕龙注》说："异音相从谓之和，指句内双声叠韵及平仄之和调；同声相应谓之韵，指句末所用之韵。"总之，和与韵都指声音之和谐。和谐同美有联系，所以"韵"字也有"美"的意思、"好"的意思、"风雅"的意思。《世说新语》"道人蓄马不韵"，可以为证。用"韵"字组成的复合词很多，比如"韵字""韵度""韵事""风韵""韵致"等，都离不开上面说的这几种意思。我个人以为，其原因就在于用声音表示"和谐"这个概念，最为具体，最容易了解。我们现在讲的"神韵"，也可以归入这一类词汇。

中印两国同样都用"韵"字来表示没有说出的东西、无法说出的东西、暗示的东西。这是相同的一面。但是，在印度，dhvani 这个字的含义，从"韵"发展到了"暗示"。而在中国，"韵"这个字，虽然也能表示无法说出的东西，同"神"字联在一起能表示"暗示"的含义，却从来没有发展到直截了当地表示"暗示"的程度。这是不同的一面，我们必须细心注意。

　　我还想再进一步探讨一个问题，多少年来，我就注意到一个现象：中西书名的命名原则很不相同。书名诚小道，但小中可以见大，所以仍有探讨的必要。而且命名原则与我正在讨论的神韵问题颇有相通之处，因此就更有探讨的必要了。

　　关于欧洲的书名，我只从古代希腊罗马时期举出几个来，以概其余。公元前4世纪，亚里士多德有《诗学》《修辞学》等书。公元前1世纪，贺拉斯有《论诗艺》。公元3世纪，朗吉弩斯有《论崇高》。同一世纪，普洛丁有《九部书》。四五世纪，圣奥古斯丁有《论美与适合》。这些书名都朴素无华，书的内容是什么，书名就叫什么，没有藻饰，没有任何花样。而中国却不尽然。我们有什么《文心雕龙》，有什么《法苑珠林》《文苑英华》，到了后来又有什么《杜诗镜铨》，有什么《艺舟双楫》，等等，等等，花样多得很，这些书名花里胡哨，形象生动、灿烂。它们与内容有联系，但有时候又让人猜不出内容究竟是什么，这情况同欧洲形成了鲜明的对比。

　　印度怎样呢？从文化源流来看，印度文化至少有一部分应该与欧洲雅利安文化相同或者相似。可是，我在上面讲到，印度的文艺理论韵论同中国的神韵如出一辙，而在欧美则颇难找到主张只有没有说出来的东西，只有暗示才是诗的灵魂的说法。现在，我讲到书名，印度的命名原则又与中国有惊人的相似之处，真不能不发人深思了。我先举几个例子。7世纪的檀丁有《诗镜》，12世纪的罗摩月和德月有《舞镜》，14世纪的毗首那他有《文镜》。用"镜"字来命书名的作法，立刻就让我们想到中国的《杜诗镜铨》《格致镜原》一类的书名。13世纪的沙罗达多那耶有《情光》，胜天有《月光》，都用"光"字来命名。15世纪的般努达多有《味河》，17世纪的世主有《味海》，还有著名的《故事海》，等等，都用"河""海"等字眼来命书名。至于用"花鬘""花簇"等字眼命名的书，更是车载斗量，比如安主的《婆罗多花簇》《罗摩衍那花簇》《大故事花簇》，还有般努达多的《味花簇》等。类似这样的例子还很多，我们不一一列举了。

怎样来解释中国和印度这样的书名呢？我认为，也同样用韵的理论、神韵的理论、暗示的理论。我以上举出的这许多书名也同样可以分解为两个部分：说出来的和没有说出来的。镜、光、河、海、花鬘、花族、苑、珠、林、楫，等等，都是说出来的东西，实有的具体的东西。它们之所以被用来命书名，实际上与这些具体的东西无关，而只是利用它们所暗示的东西，也就是没有说出来的东西。镜、光喻明亮。河、海喻深广。花簇、花鬘喻花团锦簇。苑喻辽阔。珠喻光彩。林喻深邃。楫喻推动能力，如此等等，后者都是暗示的含义。这同我在上面讲的韵的理论不是完全一模一样吗！

至于为什么中印两国在这些方面完全相同，而与欧洲迥异，我目前还无法解释。我多年以来就考虑一个问题：从宏观方面来看，中印文化似同属于一个大体系，东方文化体系，与西方文化体系相抗衡。中印文化相同之处，有的出自互相学习，有的则不一定。兹事体大，目前只好先存而不论了。

补　遗

承蒙敏泽先生函告：钱锺书先生《管锥编》第四册，1361–1366页，引宋范温《潜溪诗眼》关于韵的论述。此确为我所忽略，谨向敏泽先生致诚挚的谢意。

宋范温论韵的意见十分精彩，锺书先生的引申更为神妙。范文原文较长，不能具引。我在这里扼要述其内容。

范文的重点在解释什么叫韵。他写道：

"有余意之谓韵。"定观曰："余得之矣。盖尝闻之撞钟，大声已去，余音复来，悠扬宛转，声外之音，其是之谓矣。"余曰："子得其梗概而未得其详，且前恶从生？"定观又不能答。予曰："盖生于有余。请为子毕其说。"

下面他讲到，"自三代秦汉，非声不言韵；舍声言韵，自晋人始；唐人言韵者，亦不多见，惟论书画者颇及之"。在这里，请读者参阅饶宗颐先生的十分精辟的意见。

范温接着谈到文章，他写道：

> 且以文章言之，有巧丽，有雄伟，有奇，有巧，有典，有富，有深，有稳，有清，有古。有此一者，则可以立于世而成名矣；然而一不备焉，不足以为韵，众善皆备而露才见长，亦不足以为韵。必也备众善而自韬晦，行于简易闲澹之中，而有深远无穷之味……测之而益深，究而之益来，其是之谓矣。其次一长有余，亦足以为韵；故巧丽者发之于平澹，奇伟者行之于简易，如此之类是也。自《论语》《六经》，可以晓其辞，不可以名其美，皆自然有韵。左丘明、司马迁、班固之书，意多而语简，行于平夷，不自矜炫，而韵自胜。自曹、刘、沈、谢、徐、庾诸人，割据一奇，臻于极致，尽发其美，无复余蕴，皆难以韵与之。惟陶彭泽体兼众妙，不露锋芒，故曰：质而实绮，癯而实腴，初若散缓不收，反复观之，乃得其奇处；夫绮而腴，与其奇处，韵之所从生，行乎质与癯而又若散缓不收者，韵于是乎成……是以古今诗人，惟渊明最高，所谓出于有余者如此。

下面又谈到书法，不具引。最后，他说：

> 然则所谓韵者，亘古今，殆前贤秘惜不传，而留以待后之君
> 子欤。

统观范温的议论，我觉得非常值得重视。锺书先生给了他极高的评价，是有道理的。我体会，范温所谓"有余"，就是有一些东西没有说出来，或者说不出来，只能意会，而不能言传。这就同印度的《韵光》的理论有近似之处，或者有了接触点。这一点非常值得我们注意。

钱锺书先生说："范氏释'韵'为'声外'之'余音'遗响，足征人物风貌与艺事风格之'韵'，本取譬于声音之道，古印度品诗言'韵'，假喻正同。"这些意见都非常好。但是，我仍然觉得，声音之韵与人物风貌以及书、画、诗、文等艺事之韵，何以相通？相通之处究竟何在？似乎还有必要从生理和心理的角度来进一步深入探讨。我用"和谐"来解释，聊备一说而已。

我还想强调一点。尽管中印在韵的方面有如此惊人相似之处，但是两国的思想方法仍有其差异。像印度那样的分析，我们是没有的。我们靠一些形象的东西来说明问题。

1988年9月14日

文学批评无用论

　　读最近一期的《文学评论》，里面有几篇关于"红学"的文章，引起了我的注意。有的作者既反省，又批判。有的作者从困境中找出路。有的作者慨叹，"红学"出了危机。如此等等，煞是热闹。文章的论点都非常精彩，很有启发。但是，我却忽然想到了一个怪问题：这样的"红学"有用处吗？对红学家本身，对在大学里和研究所里从事文学理论研究的人，当然有用。但是对广大的《红楼梦》的读者呢？我看是没有用处。

　　《红楼梦》问世二百年以来，通过汉文原文和各种译文读过本书的人，无虑多少个亿。这样多的读者哪一个是先看批评家的文章，然后再让批评家牵着鼻子走，按图索骥地去读原作呢？我看是绝无仅有。一切文学作品，特别是像《红楼梦》这样伟大的作品，内容异常地丰富，涉及的社会层面异常地多，简直像是一个宝山，一座迷宫。而读者群就更为复杂，不同的家庭背景，不同的社会经历，不同的民族，不同的国家，不同的文化传统，不同的心理素质，不同的年龄，不同的性别，不同的职业，不同的爱好——还可以这样"不同"下去，就此打住。他们来读《红楼梦》，会各就自己的特点，欣赏《红楼梦》中的某一个方面，受到鼓舞，受到启发，引起了喜爱；也可能受到打击，引起了憎恶，总之是千差万别。对这些读者来说，"红学家"就好像是住在"太虚幻境"里的圣人、贤人，与自己无关。他们不管"红学家"究竟议论些什么，只是读下去，读下去。

因此我说，文学批评家无用。

不但对读者无用，对作者也无用。查一查各国文学史，我敢说，没有哪一个伟大作家是根据文学批评家的理论来进行创作的。

那么，文学批评家的研究不就是毫无意义了吗？也不是的。他们根据自己的文学欣赏的才能，根据不同的时代潮流，对文学作品提出自己的看法，互相争论，互相学习，互相启发，互相提高，这也是一种创作活动，对文学理论的建设会有很大的好处。只是不要幻想，自己的理论会对读者和作者有多大影响。这样一来，就可以各安其业，天下太平了。

上面这些话其实只有幼儿园的水平。可是还没有见有什么人这样坦率地说了出来。就让我当一个"始作俑者"吧！

1989年1月26日

129

历史研究断想

我自认为是半个历史研究工作者。五十多年以来，读过很多历史著作，自己也进行过一些研究和探讨。但是，到了今天，年届耄耋，却忽然像一个小学生一样豁然开朗，认识了历史研究中的一个根本问题：历史，特别是古代史研究中的很多结论，不管看上去多么确凿可靠，却只能是暂时的假设，与真正的结论相距极远。

大家都承认，今天我们对古代史的了解，在深度和广度上，都要超过前人。换言之，离开古代越远，则对古代史的了解越深刻、越细致，时代差距与了解正成反比。个中原因并不复杂。归纳起来，大约有三个原因：

第一，研究的指导思想随时在变，越变越准确、越精细，从而也就越能实事求是。大而言之，利用历史唯心主义作指导思想，与利用历史唯物主义，其结果大不相同，这是大家都承认的事实。但是，我这里所谓的历史唯心主义和历史唯物主义，是名副其实的，绝不能作教条主义的、肤浅的、僵化的理解。最近四五十年的历史研究，取得了很大的成绩；但也由于教条与僵化，产生了不少的问题。

第二，研究的手段也随时在变。我举一个极其明显的例子：搜集资料。进行科学研究，必须搜集资料，搜集得越齐全，越好。这是尽人皆知的常识。但是怎样才能搜集得齐全呢？过去有很长一段时期是靠学者的记诵之功。后来出现了索引，这大大地有助于资料的搜集。但仍难免有所遗漏。最近若干年来有了电脑，只要把一部书输入，则查检起来必能竭泽而渔，绝不会有任何遗漏。

第三，新材料的发现越来越多。在这方面最明显的是考古发掘，但也不限于此，比如孔壁古文就不是考古发掘的结果。专就考古发掘而论，世界上可以发掘的地方多如牛毛，中国当然也是如此。我甚至有一个想法：地下埋藏的历史，比我们已知的还要多。

以上三个方面，仅仅是荦荦大者。其他次要的原因我就不一一列举了。

记得章实斋曾经说过："六经皆史也。"这个说法得到了近代学者的赞同。六经是我国形诸文字的最集中的文化载体，研究中国古代史是绝对离不开的。但是，我们对六经的理解却经历了一个漫长的过程。今天看汉人的解经，难免有离奇荒诞之感。司马迁作《史记》，引了一些《书经》里面的话，都不是原封不动，而是加以"当代化"。以后，到了清代，经过了许多朴学考据大师的诠释，才了解得多了不少。但是，一直到今天，还没有哪个学者敢口出大言，说自己完全了解。《书经》如此，其他诸经以及别的古典文献，莫不皆然。孔壁古文的发现，汲冢周书的发现，后来敦煌古籍的发现，接踵而至。每一次发现都能增加我们对古书的了解。至于考古发掘工作在这方面的贡献，更是尽人皆知。这样的发现将来还会不断地出现。因此，我们根据目前能得到的资料所做的结论，都必然只能是暂时的。

考古发掘工作对历史研究有巨大贡献，最突出、最具体、最典型的例子是我国新疆的考古发掘。原来我们对于这一带的历史地理情况，通过中国的古籍，有了一些了解。但是从上世纪末本世纪初的考古发掘工作中，我们看到了大量的实物，不管是文字的还是非文字的，都大大地扩大了我们的眼界，加深了我们的认识，对这个地区的古代史地情况才有了比较全面的了解。

上面讲的多是空洞的理论。我现在举一个具体的例子。例子真可以说是俯拾即是，不能多举，仅举一个有重大意义的。

我们有很长时间都认为，甲骨文是中国最古的文字。这也算是一个结论吧。但是事情是不是真就是这个样子呢？很可能不是。在解放前，唐兰先生在他的《古文字学导论》这一部书中，就曾提出了中国文字可能产生在夏代以前的观点。当时意见极不相同，但由于资料不够多，无法做出结论。最近我在《中国史研究动态》1992 年第 8 期第 19 页读到胡厚宣先生的一段话，我现在引在下面：

> 目前已知甲骨文有十五万件，最近又新发现了一个藏甲骨的大坑。甲骨文已是一种很成熟的文字，《说文》中的六书，甲骨文都已具备。看来在甲骨文以前就应有原始文字。所谓仓颉造字，很可能他是研究整理当时文字的专家。现在豫、晋、陕、鲁等地都发现了史前文字，可材料太少，未能与甲骨文联系起来。可以推论，甲骨文之前文字已有了很长历史。现在需要考古、历史、地理各界联合起来，共同寻找炎黄时代的古文字。

这不过只是众多例子中的一个；但是，我相信，它会有举一反三的作用。

　　总之，我想说的无非是，我们历史科学工作者，第一，不能认为任何结论都是真理，不可动摇；第二，必须敞开思想、放远眼光，随时准备推陈出新，改变以前的所谓结论；第三，我们必须随时注意新材料的发现，不管它是来自考古发掘，来自新发现的古籍，还是来自某一个地方偶然发现的石碑、墓碑等；第四，我们必须随时注意报纸杂志上的文章，特别是国外的报纸杂志。

　　我在这里想着重指出考古发掘的重要性，有人告诉我说，往往有这种情况，中国考古工作者发掘了某一个地方，经过艰苦的劳动和细致的探索，写出了发掘报告，把发掘的情况和发掘出来的实物，都加以详尽准确、科学的描述，作为发掘报告，有极高的水平。但是往往不把这些发掘结果应用到历史研究上来。结果给外国的历史学家提供了素材。他们利用了这些素材，证之以史籍，写出了很高水平的历史专著。如果真有这种情况的话，我国的考古学者和历史学家真应该认真对待。最好的做法当然就是，自己发掘，自己研究，自己利用。

　　我的这些想法可能都是肤浅的。一得之愚，仅供参考而已。

1992年9月21日

中国古史应当重写

去年夏天，我应人民日报社和日本朝日新闻社的邀请，到长江豪华游轮峨嵋号上去参加一个有关21世纪文化的国际研讨会。我们途经武汉和荆州，然后在宜昌上船，开始学术讨论。

在武汉，我们参观了黄鹤楼和博物馆。在博物馆里，我看到了许多出土的文物，其中有许多青铜器和名震世界的编钟。我大为惊诧，简直是闻所未闻，见所未见，心中兴奋，非言语所能表达。

我们从武汉到了荆州。在那里又参观博物馆，看到了更多的更精美绝伦的从古墓里出土的青铜器，我的惊诧又上了一个台阶。在这里又看到了编钟，并且听了演奏。这一套编钟计65件，分层悬挂着。这套编钟是目前世界上已知最早的、音域最宽的、具有12个半音音阶的特大定调乐器。美国音乐家麦克·克来恩教授说"曾侯乙编钟是我们精神世界的圣山",并誉之为"世界第八奇迹"。著名小提琴家梅纽因也说:"希腊的乐器是全世界都承认的,可是希腊的乐器是竹木的,到现在不能保存下来,只有中国的乐器还能够使我们听到两千年前的声音。"可见世界上音乐大家对编钟评价之高。能产生"世界上第八奇迹"和其他许许多多精美铜器的地方,一定会有异常雄厚的文化基础和经济基础,这是不辩自明的。古代的楚国是文化辉煌之邦,这已经是十分明显的了。

我在参观时一个强烈的想法就是:中国古代历史必须重写。

楚国,也可以泛泛地说中国的南方,在中国过去的历史著作中占的地位怎样呢?有目共睹,它没有占到应有的地位。在所有的中国通史著作中,比如郭沫若的、范文澜的、吕振羽的、翦伯赞的、尚钺的,以及比这些书更早一点的夏曾佑的《中国古代史》,统统都是文化北方中心论。黄河流域确实是中华文化发源地,但是最晚到了周代,楚文化或南方文化已经勃然兴起。再重弹北方中心论的老调,已经不行了,已经不符合实际情况了。

从别的方面着眼,也可以证明这一点。我在这里只举一个例子,这就是《楚辞》。像屈原这样伟大的诗人,如果没有丰厚的、肥沃的,而且又是历史悠久的文化土壤,是决难以出现的。屈原的著作幻想瑰丽,描绘奇诡,同代表北方文化的《诗经》,文风迥乎不同。勉强打一个比方,北方接近现实主义,而《楚辞》则多浪漫主义色彩。这一点恐怕是许多人能接受的。

屈原的作品中,无论是在词句方面,还是在内容方面,都有一些北方作品中不见的东西。比如《天问》中的许多神话,根据中外一些学者的研究,同外国的颇多相似之处,其中很可能有相互影响的关系。又如《离骚》一开头就有"摄提贞于孟陬兮"这样的句子。"摄提"一词,确有点怪。是否与天竺天文有关?学者们有这个说法,还有待于进一步的探讨。

　　类似的例子还可以举出一些来，我不再一一列举了。我的意思只是想说明，至晚到了周代，楚文化或南方文化已经达到了相当高的水平，同域外的文化交流也已经有了一些。在这些方面，至少可以同北方文化并驾齐驱。然而在学者们的历史著作中，从而在一般人的心目中，南方仍然是蛮荒之地，在文化上上不得台盘。这是非常不公平的，也是不符合实情的。这样写出来的中国古代史是不完全的。所以我就主张：中国古史应当重写。

1993年4月8日

建议重写《中国通史》

　　中国是文化古国和大国，又是历史大国。我们的历史在教育全国人民，特别是青少年方面，起着重要的作用。

　　几十年以前，中国的史学大师郭沫若、范文澜、翦伯赞等，都编撰过《中国通史》。尽管名称不同，其为中国通史则一也。这些大师以马克思主义为指导，详尽地搜集资料，学风谨严，立论有据。他们对中国通史的研究成绩，远迈前古。在中国和世界，都获得了同声的赞扬，起过很大的影响。这一点，我们后人绝不会忘记的。

　　但是，沧海桑田，时移势迁，到了今天，这些著作，都在某一些方面，显得过时了，不能适应今天的情况了。

　　首先是考古发掘工作日新月异。几乎每一个重大的考古发现，都能改变我们对中国古代史的认识。过去我们常说"五千年中华文明"，现在看来，不行了。有人说六千年，甚至说七千年。总之，中国历史的时间上限没法封顶了。在地域方面，也有同样的情况。过去，大家几乎都认为，中华文化源于北方的黄河流域。但是，最近若干年以来的考古发掘工作却证明了，南方的吴、越、楚等地，甚至僻远如云南，也都有高度发达的文明。这样一来，中华文化发展一元观难以自圆其说，而必须承认中华文化发展的多元观。

其次，我最近忽然有了一个顿悟：中华传统优秀文化内容之一是爱国主义传统。说中国人天生就爱国，这是唯心主义。存在决定意识，中国人的爱国主义是"存在"，也就是历史环境所决定的。我认为，爱国主义有两种：被侵略、被压迫者的爱国主义是正义的爱国主义，是真正的爱国主义。侵略者、压迫者的爱国主义是邪恶的爱国主义，是假冒伪劣的爱国主义。二者泾渭分明，切不可混淆。中国的爱国主义基本上属于前者。汉代的苏武，宋代的岳飞、文天祥、陆游，明代的史可法等，都可以这样解释。对于清代的林则徐、邓世昌等，更应当这样来看待了。

西方国家不能说没有爱国主义，不能说没有真正的爱国主义，像法国的短篇小说《最后一课》，就是爱国主义的杰作。但是，西方国家立国的时间短，找不出像中国的岳飞、文天祥等这样闪闪发光的爱国者，这是历史所决定的，无法改变。到了后来，法西斯的爱国主义是假冒伪劣之尤者，只能令人耻笑了。

总之，我认为，爱国主义应当成为中国通史主要内容之一。

此外，上述诸大师的《中国通史》不能不打上时代的烙印，换句话说，也就是"以论带史"的印记。不管这个烙印多么轻微，恐怕总会是有一点的。

根据上面我说的理由——其他理由还可以举出一些来，没有必要再举了——我建议，有关单位，比如说中国社会科学院历史所，或《历史研究》编辑部，出面组织力量，重新撰写一部能适应今天情况的《中国通史》。

1994年10月23日

第四辑　作诗与参禅

1987 年，季羡林先生与日本佛教泰斗、著名梵文学者
中村元博士在北京大学合影

作诗与参禅

　　诗与禅，或者作诗与参禅的关系，是我国文学史、美学史、艺术史、思想史等中的一个重要问题。在一些与中国文化有关的国家，比如韩国和日本等中，这也是一个重要的问题。我们甚至可以说，在东方文化中，这个问题也有重要的意义。因此，自来论之者众矣。

　　我于此道绝非内行里手，只是喜欢涉猎一下而已。而且我的涉猎面虽广，却是浅尝辄止，一点也不够深入。仅就我涉猎所及，我发现，谈这个问题的典籍，一千多年以来，多得不得了。一直到今天，此风未息。论文专著，层出不穷。内容丰富，词彩动人，读起来令我如入山阴道上，目不暇接。但是，一旦掩卷沉思，则又似乎没有在脑海里留下多少东西，杂乱而混沌，一点也不明朗。有的人钻研得很深；但是，人们如果想理出一点头绪，则又似乎抓不住一条纲，依然是杂乱而混沌。这问题真有点像镜花水月，可望而不可即。我怅然憮然。记得西方某一位名人说过，读别人的书，就好像是让别人在自己脑袋里跑马。我让人在自己脑袋里跑马，次数之多，无法统计了。结果并没能跑出一个所以然来。我在怅然憮然之余，窃不自量力，索性让我自己在脑袋里跑一趟马，也许能跑出一点名堂来。既然不是内行里手，跑马难免跑出了圈子，跑入非想非非想中。好在精通此道的真正内行专家到处都有。我相信，他们会把我的马缰绳牢牢抓住的。

我想谈以下几个问题。

一、中国古籍中对诗禅关系的看法

作诗，这几乎是世界上所有的国家所共有的活动，而参禅则似乎只限于中国和同中国有文化渊源关系的少数几个国家。中国的禅宗，虽然名义上来自印度，实则完全是中国的产物。印度高僧菩提达摩被尊为东土初祖。据说当年灵山会上，如来拈花，迦叶微笑，师徒会心，灵犀一点。这种心法由迦叶传了下来，不知几年几代，传给了达摩。这故事本身就接近神话，印度和中国和尚编的那一套衣钵传承的几祖几祖，又是没法证实的。达摩带到中国来的"法"，当然也就虚无缥缈。反正中国后来的禅宗，同后汉安世高等带进来的禅学，根本不是一码事。总之，禅宗是在中国兴盛起来的。严格地说，禅宗是在五祖弘忍以后才畅行，而大盛于六祖慧能（638—713年）。为什么单单在中国这块土地上，单单在中国的文化环境中，禅学才能兴旺发展？这个问题比较复杂，我在这里先存而不论。这篇论文写完时，读者也许能从字里行间得到答案。

禅宗思想在中国兴起以前，中国的诗歌已经有了很长的历史。足证作诗与参禅没有必要的联系。但自禅宗思想流行以后，很多人都把作诗与参禅紧密地联系起来。这样的例子真正是举不胜举。我在下面只举出几个来，以便作三隅之反。

禅宗大盛于唐。初、中唐时期，许多大诗人受到禅宗的影响，在创作实践方面，援禅入诗，写了一些禅味极浓的诗。到了晚唐，在理论方面，有人又把诗与禅紧密联系起来。最著名的代表是司空图。他那许多著名的提法，什么"韵外之致""味外之旨""辨于味而后可以言诗"等，是大家都熟悉的。司空图明确地认识到诗禅的一致。他这种以禅说诗的理论，对后世中国文艺理论的发展，有极大的影响。

到了宋朝，禅宗高度发展，广泛流行。士大夫谈禅成风。他们把诗与禅更加紧密地结合了起来。我举几个例子：

韩驹《陵阳先生诗》，卷一《赠赵伯鱼》：

学诗当如初学禅，未悟且遍参诸方。一朝悟罢正法眼，信手拈出皆成章。

吴可《学诗》诗，《诗人玉屑》卷一：

学诗浑似学参禅，竹榻蒲团不计年。直待自家都了得，等闲拈出便超然。

龚相《学诗》诗，《诗人玉屑》卷一：

学诗浑似学参禅，悟了方知岁是年。点铁成金犹是妄，高山流水自依然。

戴复古《论诗十绝》，《石屏诗》卷七：

欲参诗律似参禅，妙趣不由文字传。个里稍关心有误（悟），发为言句自超然。①

这样的例子还很多，不再抄列。这里讲的大半是，参禅学诗都要下功夫，"功到自然成"，一朝悟透，诗句便能超然。至于禅的内容，基本上没有涉及。

钱锺书《谈艺录》②中，也引了许多关于诗禅关系的例子，并发表了很精辟很深刻的意见。请读者自行参阅，不再抄录。

唐宋时代开始的有关诗与禅的意见一直对后代文艺理论的发展以及诗歌的创作，起着广泛而深入的影响。我们甚至可以说，在中国文艺理论史上，如果没有援禅入诗的活动，中国诗歌的创作和理论，将会是另一种样子，其重要性可想而知。

二、诗与禅的不同之处

上面引证的唐宋诸家学说，都把诗与禅相提并论。其中必有道理，这是完全可以肯定的。诗与禅必有共同之处，这也是完全可以肯定的。在对共同之处作细致的分析之前，我认为有必要先对二者不同之处稍加阐述，这能够加深对共同之处的理解。

从表面上来看，诗与禅的不同之处，是非常明显的。禅宗最初是主张"不立文字"的。这其实是继承了佛家的传统。从历史上来看，释迦牟尼时代，文字还不流行。印度古代，包括婆罗门教在内，师徒都是口口相传。最初既无抄本，当然更谈不到印本。到了很晚的时候，印度教徒还不允许把他们的圣经宝典《吠陀》排印出版。佛教《大藏经》里

---

① 例子都取自敏泽《中国美学思想史》第二卷，齐鲁书社 1989 年版，第290-291 页。

　下面还有很多例子，读者可自行参阅。

② 钱锺书：《谈艺录》，中华书局1984 年版，第八四节。

面，有几部讲佛祖生平的经，讲到他年幼时学习了多少多少"书"（文字）。这些经都是晚出的，不代表释迦牟尼时代的真实情况。佛陀不重文字，经中屡有记载，如《大方广宝箧经》卷上云："不著文字，不执文字"，等等。[①]所以我说，禅宗"不立文字"，是继承了印度佛教传统。后来禅宗却从"不立文字"发展成为"不离文字"。这又是为什么呢？这是一个颇为微妙的问题。下面我还会谈到。

禅是这样，诗则不同。钱锺书说："了悟以后，禅可不著言说，诗必托诸文字。"[②]

这就是诗与禅的不同之处。

三、诗与禅的共同之处

这是本篇论文讨论的重点。

作诗与参禅本来是两种迥乎不同的活动。我在上面已经说到，在禅宗兴起以前，中国诗歌已有极长的历史。在欧美国家，没有什么禅宗，也都有杰出的诗歌创作。可见诗与禅并没有必然的联系。但是在中国，在禅宗兴起和流行以后，在某些诗人身上，诗和禅竟变得密不可分。原因何在呢？这是一个非常有趣但又并不很容易回答的问题。我先笼统说上几句。禅宗的理论和实践进入中国诗，是同佛教思想进入中国哲学，几乎是同步的。二者都是滥觞于两晋南北朝，初盛于唐代，大盛于宋代。原因是明显的。佛教入华以后，给中国人提供了一个观察宇宙和人生的新角度，使人耳目为之一新。立即接受下来了。这种解释迹近常识，似乎可以不说；但是不说又似乎不行。不说则很多现象无法讲清楚，诗与禅就属于这一类。说完了这个笼统的解释，还有很多细致深入的解释要去做。可是这绝不能毕其功于一役。在下面的论证中，很多地

---

① 钱锺书：《谈艺录》，中华书局 1984 年版，第 310 页。
② 钱锺书：《谈艺录》，中华书局 1984 年版，第 101 页。

方都会碰到这种解释，要请读者自己去心领神会了。

对于诗与禅的共同之处，过去的中国诗人和学者和今天的中国诗人和学者，都发表了许多精辟的见解。一言以蔽之，他们发现，诗与禅的共同之点就在"悟"或"妙语"上。我举两个当代的造诣精深的学者的意见，以概其余。第一个是钱锺书。他在《谈艺录》二八《妙悟与参禅》这一节中说：

> 夫"悟"而曰"妙"，未必一蹴即至也；乃博采而有所通，力索而有所入也。学道学诗，非悟不进。或者不好渔洋诗，遂并悟而非之，真因噎废食矣。高忠宪《困学记》云："平日鄙学者张皇说悟，此时只看作平常，自知从此方好下功夫耳。"陆桴亭《思辨录辑要》卷三云："凡体验有得处，皆是悟。只是古人不唤作悟，唤作物格知至。古人把此个境界看作平常。"按刘壎《隐居通议》卷一论悟二可参阅。又云："人性中皆有悟，必功夫不断，悟头始出。如石中皆有火，必敲击不已，火光始现。然得火不难，得火之后，须承之以艾，继之以油，然后火可不灭。故悟亦必继之以躬行力学。"

下面还有非常精彩的意见，文长不具引。请读者自行参阅。锺书君的意见是切中肯綮的。我觉得陆桴亭认为"人性中皆有悟"，就有禅宗色彩。

第二位学者是敏泽。他在《中国美学思想史》中写道：

> "禅"与"悟"，宋代禅宗广泛流行，士大夫知识分子谈禅成风，以禅喻诗成为风靡一时的风尚。其结果是将参禅与诗学在一种心理状态上联系了起来。参禅须悟禅境，学诗需悟诗境，正是在

"悟"这一点上，时人在禅与诗之间找到它们的共同之点。

敏泽的意见也是切中肯綮的。钟书君与敏泽异曲同工，一脉相承，都说到了点子上。我自无异议。

但是，我总还感到有点不满足。他们讲"悟"或"妙悟"，只讲了这一种思维活动，好像是一个没有宾语的不及物动词。这似乎有点空，需要补充一下，才能显得完整而切实。我觉得，至少有两个问题需要我们回答：

第一，什么叫"悟"？

第二，"悟"到了什么东西？

这都是相当重要的问题。据我涉猎所及，好像还没有哪个学者明确而完整地提出这样的问题，回答也就更谈不到。我现在不自量力，试着来回答一下这两个问题。

先谈第一个问题。《说文》："悟，觉也。从心，吾声。"这说明，这个字是中国早就有的。可是自从佛教传入以后，在汉译佛经中，"悟"就变成了一个佛教术语，被赋予了以前不可能有的含义。从根本上来解决问题，我们先看一看，在梵文和巴利文中与汉文"悟"字相当的是些什么字。归纳起来，梵文和巴利文约略有三个动词与"悟"字相当：

第一个是 √budh，前面可以加上词头 pra 等，意思是"醒""觉""悟"；

第二个是 √vid，前面可以加上词头 sam 等，意思是"知道"；

第三个是 √jnā，前面可以加上词头 ā 等，意思是"知道"。

其中以第一个 √budh 为最重要。汉译"佛陀"，在梵文和巴利文中是 buddha，是 √budh 的过去分词，意思是"已经觉悟了的人""觉者""悟者"。佛祖就是一个"觉者""悟者"。可见这个"悟"字的重要意义。我的第一个问题：什么叫"悟"？答案：这就叫"悟"。

第二个问题："悟"到了什么东西？必须同上面说的这些东西联系起来，才能给予准确的答案。光是"悟"，绝不能成佛，必定是"悟"到了什么重要的真理，才能成佛作祖。这是一个至关重要的关键。回答要分成两个层次：一个是小乘层次，算是低层；一个是大乘层次，是高层。释迦牟尼坐在菩提树下金刚座上，大彻大悟，成了佛。他悟到的当然还是小乘的真理。内容是什么？虽然他没有明说，其实还是颇为清楚的。他成佛后在鹿野苑首转法轮，讲的应该就是他不久前悟到的真理。关于首转法轮，各种语言的佛经上有大量的记载，说法虽不尽相同，内容基本上是一致的，其可靠性毋庸过分怀疑。为了把初转法轮的内容比较详尽地介绍出来，我从唐天竺三藏地婆诃罗译的《方广大庄严经》卷十一《转法轮品》中把如来说法的内容抄在下面：

> 如来于初夜时，默然而过。于中夜分，安慰大众，令生欢喜。至后夜已，唤五跋陀罗而告之言：汝等应知，出家之人有二种障。何等为二？一者心著欲境而不能离。是下劣人无识凡愚，非圣所行，不应道理，非解脱因，非离欲因，非神通因，非成佛因，非涅槃因。二者不正思维，自苦其身而求出离。过现未来皆受苦报。比丘！汝等当舍如是两边。我今为汝说于中道。汝应谛听，常勤修习。何为中道？正见、正思维、正语、正业、正命、正精进、正念、正定。如是八法名为中道。
>
> 佛告诸比丘：有四圣谛。何等为四？所谓苦谛、苦集谛、苦灭谛、证苦灭道谛。比丘！何等名为苦圣谛？所谓生苦、老苦、病苦、死苦、爱别离苦、怨憎会苦、求不得苦、五盛蕴苦。如是名为苦圣谛。何等名为苦集圣谛？所谓爱取有，喜与贪俱，悕求圣乐。如是名为苦集圣谛。何等名为苦灭圣谛？所谓爱取有，喜与贪俱，

怖求胜乐，尽此一切。如是名为苦灭谛。何等名为证苦灭圣道谛？即八圣道，所谓正见，乃至正定。此即名为证苦灭圣道谛。①

初转法轮的内容，大体上就是这个样子。后来初期佛教教义被归纳成三句话，称之为"三相"或者"三法印"：诸行无常，诸法无我，一切皆苦。释迦牟尼首转法轮，这三个法印几乎都包括在里面了。其中的"诸法无我"，是佛教重要教义，是佛教与婆罗门教斗争的重要武器。"无我"，梵文叫 ahātman，意思是所谓"我"（ātman）是并不存在的，它是由初转法轮中讲到的五盛蕴（色、受、想、行、识）组成的，是因缘和合的产物，没有实体。这是释迦牟尼在菩提树下悟到的真理。佛教僧侣以及居士，如果想悟到什么东西，他们首先必须悟到"无我"。事实上中国人确已悟到"无我"了，比如徐增《唐诗解读》卷五说："行到水穷处，去不得处，我亦便止，倘有云起，我便坐而看云起，坐久当还，偶值林叟，便与谈论山间水边之事。相与留连，则不能以定还期矣。于佛法看来，总是无我，行无所事。行到是大死，坐起是得活，偶然是任运，此真好道人行履，谓之好道不虚也。"② 这是徐增对王维《终南别业》那一首著名的诗的解释。我认为是抓住要领的。

总之，我认为，要讲"悟"到什么，首先要悟到"无我"。③

但是，仅仅悟到这个程度，还是很不够的。佛教从小乘开始，随着社会的前进，逐渐向大乘过渡。大乘最根本的教条，从信仰上来说，是

---

① 《大正新修大藏经》3，607b-c。

② 转引自赖永海《佛道诗禅》，中国青年出版社 1990 年版，第 156 页。

③ 《方广大庄严经》在讲完初转法轮以后，紧接着就讲到十二因缘。这也是原始佛教最重要的教义之一。在初转法轮时，释迦牟尼还不可能把自己的思想这样系统化。初转法轮在佛典中大量出现，请参阅德国梵文学者 Hermann Oldenberg 的名著 Buddha,sein Leben,seine Lehre,seine Cemeinde，Stuttgart und Berlin，1923，p.142-149。

菩萨思想，要广度众生，比起声闻乘来，要广大得多了。在教义方面，这表现在最早出现的《般若经》中。《般若经》的主要思想是，法无自性，即所谓法空的思想。"空"，梵文原文是Śūnya，意思是"空虚"。许多大乘的重要经典，如《法华》《华严》等，其主要思想都是建立在般若基础上的。所谓"般若性空"者即是。我在这里没有可能详细介绍大乘中观派、瑜伽行派的共同点和不同之点。不管是所谓"空宗"，还是所谓"有宗"，其根本教义都是讲空。中观派讲空讲得过了头，连"佛性""真如"等都想空掉。这动摇了大乘的信仰基础，因此有宗就出来加以纠正或者补充。他们之间没有根本矛盾。

什么叫"空"呢？《中论》第二十四品说："众因缘生法，我说即是空。亦为是假名，亦是中道义。""法"，指的是事物。一切事物都是因缘生成，本身是不存在的，所以称之为空。佛家这一套烦琐哲学，同我现在要讨论的东西，没有多么重要的关系，姑且置而不论。

总之，要讲悟，悟到了"无我"，还不够，必须再提高一步，要悟到"空"。

我在上面回答了我提出来的两个问题：什么叫"悟"？"悟"到了什么东西？"悟"，同释迦牟尼在菩提树下悟得真理，是一脉相承的。悟得的东西低层次的是"无我"，高层次的是"空"。禅宗的思想基础是大乘空宗。因此悟空对中国禅僧和禅学诗人，是至关重要的。

中国禅宗的几个祖师爷所悟得的，也就是这个空。我从五祖弘忍和六祖慧能谈起。我现在根据《坛经》把他们两人一段公案简略地介绍一下。

（六）上座神秀题偈：

身是菩提树，心如明镜台，时时勤拂拭，莫使有尘埃。

五祖念了偈以后，对神秀说："汝作此偈，见即未到，只到门前，尚未得入。"对他是不够满意的。

（八）惠能是不识字的，也作了一偈，请一解书人题在壁上：

菩提本无树，明镜亦非台，佛性常清净，^①何处有尘埃？

又偈曰：

心是菩提树，身为明镜台，明镜本清净，何处染尘埃？

五祖认为慧能悟道，便把衣钵传给了他，并且说："法以心传心，当令自悟。"神秀和慧能的两偈，其区别一看便知：神秀悟空悟得不够。

"无我"的思想，"空"的思想，一旦渗入中国的诗歌创作，便产生了禅与诗密不可分的关系。禅与诗的关系是相互影响的，相互起作用的。正如元好问在《赠嵩山隽侍者学诗》中所说的："诗为禅客添花锦，禅是诗家切玉刀。"^②

四、禅与中国山水诗

禅与诗的密切联系首先或者主要表现在山水诗上。

为什么会产生山水诗呢？（我觉得，山水画的出现也与此有关。）

悟"无我"或者悟"空"，最好要有两个条件：一个是主观条件，指的是心灵中的悟解；一个是客观条件，指的是适当的自然环境，以远

① 许多本子作"本来无一物"，请参阅郭朋《坛经校释》，中华书局1983年版，第17页，注八。
② 引自赖永海《佛道诗禅》，中国青年出版社1990年版，第159页。

离尘嚣的山林为最理想。身处闹市也不是不可以静悟。陶渊明的诗：
"结庐在人境，而无车马喧。问君何能尔？心远地自偏。"陶渊明是受
道家思想影响的人。他也许有自己的一套修养方法，这里暂且不谈。佛
家的禅僧或者接受参禅思想的诗人，据我的观察，有一套不同的办法。
他们往往遁入深山野林最寂静、不受尘世干扰的地方去静悟。中国古诗
说"天下名山僧占多"，正表示了这种情况。但是，佛教初入中国的时
候，并不是这个样子。传说是中国最早的佛寺白马寺，建筑在洛阳城
外，并不在山中。①后来仍然有这城市中建庙的习惯，《洛阳伽蓝记》
中记述的寺院，几乎都在城内。一直到了唐代，长安城中的寺院还是很
不少的。此风流传，至清不衰。可见佛寺并非一定要建在山上。但这只
是事情的一个方面。可能从晋代起，山林中建庙的风气就开始了。从此
就开始了名山与名刹互相辉映的局面。中国的禅宗初祖达摩于梁武帝时
期（6世纪前半）来华以后，在洛阳他不住在白马寺，而住在嵩山中的
少林寺，可以透露个中消息。

　　既然讲到达摩，我索性把达摩的禅法以及大小乘禅法的区别也简
略地介绍一下，以利于对中国禅宗的了解。禅，在印度有其根源，梵
文是 dhyāna，巴利文是 jhāna，音译为"禅"，原意是"冥想"，英文
叫 meditation。我在上面已经说过，传到中国来以后，汉末安世高的禅
法属于小乘，与属于大乘的禅宗的禅法完全不同。小乘禅法有所谓色界
四禅和无色界八定之说。"四禅"指的是静坐冥想时精神统一的四个阶
段，梵文称之为 dhyāna-ca-tustaya。为了把这一点说明白，我举一个具
体的例子。释迦牟尼在临涅槃前，坐双树间进入禅定。《长阿含经·游
行经》中说：

――――――――――
① 《清凉山志》载，东汉永平年间，印度和尚摄摩腾和竺法兰来华，在五
台山上建造寺院。这完全是神话传说，一点历史根据都没有。

> 是故比丘！无为放逸。我以不放逸故自致正觉。无量众善，亦
> 由不放逸得。一切万物无常存者，此是如来末后所说。于是世尊即
> 入初禅定，从初禅起入第二禅，从第二禅起入第三禅，从第三禅起
> 入第四禅，从四禅起入空处定，从空处定起入识处定，从识处定起
> 入不用定，从不用定起入有想无想定，从有想无想定入灭想定。

　　然后又倒转回来，从灭想定转到第一禅，又从第一禅依次回到第四
禅，"从第四禅起，佛般涅槃"。[①] 小乘禅定大体上就是这个样子。

　　综观释迦牟尼的一生，他并没有号召和尚普遍坐禅。有人说："佛
教在印度流传的时期，便提倡居山林坐禅。"[②] 这是一种误解。灵鹫峰
同佛祖有点关系，它只是王舍城附近的一座山峰。释迦牟尼对它并无偏
爱。所谓灵山，到了大乘时才屡见于佛典。常说的"灵山会上，如来
拈花，迦叶微笑"，这是大乘捏造的，可能与大乘起源有关。这是一个
很有趣的问题，这里暂且不谈。事实是，释迦牟尼成佛以后，到处奔波
游行，弘宣大法。讲的不外是四圣谛、八正道、十二因缘等。禅法还根
本没有。在印度，开凿石窟，雕塑佛像，是晚起的事情。一直到后来，
也并不提倡在山林中修建寺庙。"天下名山僧占多"的现象，在印度是
没有的。玄奘游学的那烂陀寺，有悠久的历史，有崇高的地位。也是建
筑在大平原上的。

　　我现在再回头来谈小乘禅与大乘禅的问题。根据汤用彤的意见，
汉晋流行之禅法，大别有四：一曰念安般；二曰不净观；三曰念佛；四

---

① 《大正新修大藏经》1，26b。这个故事屡见于佛经，梵文和巴利文经中
也有。
② 蒋述卓：《佛经传译与中古文学思潮》（东方文化丛书），江西人民出
版社 1990 年版，第 66 页。

曰首楞严三昧。[①]其中一二属于小乘禅，三属于净土教，四是大乘禅。达摩的禅法属于大乘。达摩主顿悟，而在中国首倡顿悟者为竺道生，他们之间有一脉相承的关系，这是很自然的。达摩所修大乘禅法，名曰壁观。《灯录》引《别记》云：达摩教禅宗二祖说："外息诸缘，内心无惴。心如墙壁，可以入道。"[②]达摩大概认为，修这样的禅，最好远离尘世，因而不住在洛阳城内，而遁隐嵩山少林寺。达摩之后，二祖慧可、三祖僧璨、四祖道信、五祖弘忍、六祖慧能，连神秀在内，都提倡独宿孤峰，端居树下。三祖僧璨"隐思空山，萧然静坐"。四祖道信唯山林是托。五祖弘忍提倡"栖神山谷，远避嚣尘"，等等。[③]由此可见，坐禅与山林的关系是多么密切。

我现在举一个具体的例子，来说明大乘顿悟与山林以及与山林有密切联系的山水诗的关系。这个例子就是谢灵运。

我们绝不能说，谢灵运属于禅宗，因为禅宗初祖达摩在梁武帝时期（6 世纪前半）来华活动，而谢灵运则是生活在 385 年至 433 年，比正式禅宗的建立要早很多年。但是禅宗思想绝非一夜之间就从地里钻出来的，而是有一个长久的潜伏期。因此，如果说谢灵运的思想和行动有与后来的禅宗相通之处，那是符合实际情况的。

古今文艺理论家和文学史家都认为，晋宋之际在中国文学发展史上出现了一个很大的变化，这就是两晋的"玄言诗"为"山水诗"所取代。这并不是说，"玄言诗"一下子就消失了。那是不可能的。这

---

① 见《汉魏两晋南北朝佛教史》，商务印书馆 1938 年版，第 767-769 页。关于小乘禅，参阅赖永海《佛道诗禅》，中国青年出版社 1990 年版，第 35-37 页。

② 汤用彤：《汉魏两晋南北朝佛教史》，商务印书馆 1938 年版，第 784 页。

③ 赖永海：《佛道诗禅》，中国青年出版社 1990 年版，第 141-142 页。达摩禅有所谓"理入"与"行入"的说法，我不细谈，请参阅赖书，第 141 页；汤书，第 785 页。

是一个渐变的过程。无论如何，这个变化是极为显著的。刘勰在《文心雕龙·明诗》中说："宋初文咏，体有因革，庄、老告退，而山水方滋。"山水诗的开创者又是集大成者就是晋宋之际的谢灵运。

为什么独独一个虔信大乘空宗顿悟说，曾协助僧人们翻译整理《大般涅槃经》，显然学习过梵文，对梵文悉昙章有精深研究的谢灵运会成为山水诗的开路人呢？再从后来的，至少是唐代和宋代的许多山水诗人都与禅宗有密切联系这一点来看，佛教的顿悟与山水诗之间有一脉相通之处，就很显然了。

山水诗的形成，其原因绝不止一端。对于这个问题，蒋述卓发表了一些很好的意见。归纳起来，约有以下几点：第一，山水在此时已作为人类独立的审美对象而进入文学艺术领域；第二，玄学与佛学思辨性的理论及其方法给山水诗的产生提供了深厚的理论基础；第三，佛教在印度流传时期，便提倡居山林坐禅。这一点与实际情况不符，我在上面已经谈到了；第四，由对本体的探究与追求，也引发出了玄佛二家对自然山水理想寄托的契合，等等。[1] 因为这在中国文学史上是一个比较重要的问题，所以论之者极众，学说五花八门，我在这里不一一列举了。

下面专谈谢灵运。

谢灵运是中国文学史上一个相当重要的诗人。他信佛，[2] 写过一些关于佛教的文章，诗文中有佛教思想，更是非常明显的。他有时候把儒家经典同佛典相比，认为"必求性灵真奥，岂得不以佛典为指南耶"？[3] 沈约《宋书》为灵运立传（《列传》第二十七）。《传》中讲了一些他

---

[1] 赖永海：《佛道诗禅》，中国青年出版社1990年版，第58-71页.
[2] 钱锺书在《管锥编》四，一六八，第1291页中指出，谢灵运"从佛而未弃道"。处于大变革时期的诗人等，思想和信仰不可能十分纯粹，这是正常现象，丝毫无可怪之处。
[3] 《法苑珠林》55，《大正新修大藏经》53，70la。

信仰佛教的情况，也讲到他对山林的爱好。"遂移籍会稽，修营别业，傍山带江，尽幽居之美。"这一点同唐代虔诚奉佛的王维完全一样，很值得注意。沈约把谢灵运的《山居赋》完整地收入《传》中。《赋》中讲到佛，讲到山水，讲到招提（佛寺）。谢灵运用了很多佛经典故，并自己注出出处。他"钦鹿野之华苑，羡灵鹫之名山"。注："鹿野，说四真谛处。灵鹫山，说《般若》《法华》处。"这说明，谢灵运精通佛典，相信的是大乘空宗的《般若》和《法华》。我在上面提到灵鹫山与大乘的关系。这里又提供了一个证明。《赋》中还说："安居二时，冬夏三月。远僧有来，近众无缺。法鼓朗响，颂偈清发。"可见山中迎远僧，邀近众，击法鼓，做佛事之热闹情况。总之，《山居赋》充分体现了谢灵运信佛教，爱山水的心情。

谢灵运同佛教的关系还不止这一些。

谢灵运对梵语有研究。他对悉昙藏，对梵汉音训都有湛深的研究，对梵文字母的数目，更有自己独到的见解。日本僧人安然撰《悉昙藏》，引用了很多谢灵运的话。我从第一卷中引一条：

> 谢灵运云：诸经胡字，前后讲说，莫能是正。历代所滞，永不可解。今知胡语而不知此间语，既不能解。故于胡语中虽知义，不知此间语亦不能解。若知二国语，又知二国语中之义，然后可得翻译此义，以通经典。故睿法师昔于研采经义，又至南天竺国，经历年岁，颇了胡语。今就睿公是正二国音义，解释中胡字晓然。庶夫学者可无疑滞，粗为标列在后，差可推寻云尔也。①

此事又见于《佛祖统纪》二六《僧睿传》②，参看《高僧传》

---

① 《大正新修大藏经》84，371c。
② 《大正新修大藏经》49，266c。参看《高僧传》七《慧睿传》。

七《慧睿传》。可见谢灵运对佛经梵语确是下过一番功夫。对十四音，谢灵运也有自己的看法。[①]

　　谢灵运还自己在山中修建佛寺。《佛祖统纪》五三说："谢灵运于石壁山建招提寺。"[②] 谢灵运可以说是集佛典顿悟、作山水诗、于山中建寺这三件有联系的事情于一身。

　　因此，在他的山水诗中大量地反映出他那佛教思想，特别是般若空观的思想。关于这个问题，过去很多学者做过很精彩的分析，比如说，赖永海的《佛道诗禅》第143—145页；蒋述卓的《佛经传译与中古文学思潮》第76—77页。我在这里不一一具引。此外还有很多书谈到这个问题，都请读者自己去翻阅吧。我只想指出几个例子。在《佛影铭序》中，谢灵运说："我无自我，实承其义。尔无自尔，必祛其伪。"我在前面讲要"悟"什么东西的时候，曾说，首先要悟"无我"，这是佛教最根本的教义之一，后来的"空"可以说是它的发展。在这里，谢灵运说到"我无自我"，正是禅宗初步的"悟"。当然其他所有的僧人，都必须相信"无我"。不过从谢灵运笔下看到"无我"，觉得绝非偶然而已。过去讨论谢诗与顿悟之间的关系的学者，曾举出了许多谢诗的名句。我个人觉得，谢灵运脍炙人口的名句"明月照积雪"，写的是白茫茫一片空蒙的景象，也可以归入反映他般若性空思想的诗句之中。甚至他那名闻千古的"池塘生春草"，倘若从佛教顿悟的观点上来加以解释，不也可以发前人未发之覆吗？

　　对于谢灵运的诗，要谈的还很多。限于篇幅，我就不再细谈了。总之，谢灵运是在禅宗建立和流行以前把大乘般若性空思想与山水诗结合

---

① 《大正新修大藏经》84，377b-c。
② 《大正新修大藏经》49，344a，又见同书463c。

起来的集大成者，对以后中国文学的发展有深入持久的影响。

到了唐代，禅宗已经建立起来，并且广泛地流行开来。山水诗的创作达到了空前的——也许是绝后的吧——水平。此时大家辈出。王、孟、韦、柳的山水诗彪炳千古。其中的魁首当然是王维。他酷爱山水，虔信佛教。他的辋川别墅同谢灵运的别业，几乎完全是一模一样。这反映了他们之间的共同信仰与共同爱好，王维诗中所悟到的"无我"和"空"，较谢灵运诗中悟到的更鲜明，更深刻，更普遍。原因很简单：谢灵运时代禅宗还没有创立，而到了王维时代，则禅宗已大行于天下。对于王维的山水诗，古今学人论之者众矣。尽管意见不完全相同；但是都把王维的山水诗同禅悟联系起来。这些意见我不再重复。我只推荐几本我手头有的书，这些书都是最近若干年出版的。这些书是：林庚：《唐诗综论》，1987年人民文学出版社[①]；陈贻焮：《论诗杂著》，1989年北京大学出版社出版；陈允吉：《唐音佛教辨思录》，1988年上海古籍出版社出版；陈铁民：《王维新论》，1990年北京师范学院出版社出版。以上诸书可供对此问题有兴趣者参考。

在唐代著名的山水诗人中，除了王维外，比较信仰佛教的还有柳宗元。在他的诗中也表现了同样的悟空的情趣。至于王维的好友孟浩然，他虽然不明显地皈依佛教，诗中情趣颇有与王维相似之处。韦应物也可以做如是观。

到了宋代和宋代以后，山水诗仍然存在，山水诗与佛教禅悟的关系也依然存在。我在这里不详细谈了。我只想补充几句关于中国山水画的看法。我觉得，中国山水画的产生与发展，与中国山水诗的发展，基本上表现出同一规律。王维"诗中有画，画中有诗"，是一个再好不过的

---

① 书中第64—79页，有《山水诗是怎样产生的》一文，在这里林庚提出了自己的看法，与我的看法完全不同。

例子。

五、言意之辨

我在上面讲了四个问题，重点是诗与禅的不同之处和共同之处。我大胆地提出了"什么叫'悟'"和"'悟'到了什么东西"这样的问题，并给予了解答。我用自己的看法解释了诗与禅的关系，特别是禅与中国山水诗的关系，自认还能自圆其说。但是诗与禅的根本问题依然存在，还没有得到解决。进一步加以探讨，是不可避免的。我并非此道专家，但是对此道的文献却确实阅读了不少。可惜的是，就我浅见所及，没有发现哪一个是搔着痒处的。我不揣简陋，自己再大胆一下，提出一个看法，以求教于方家。

简而言之，我的看法是，要从言意之辨谈起。

（一）言意之辨

言和意的关系，是几千年来困惑着中外许多大哲学家、大文学家，还有其他许多什么家的一个哲学、文学、心理学等方面的重要问题，一直到今天也还没有得到真正的解决。所谓"言"，指的是人类的语言文字；所谓"意"，内涵颇为复杂。举凡人类的内心活动，感觉和知觉，思维和想象，情绪和情感，等等，都属于"意"的范畴。人们内心的审美经验，也属于这一类。这一些内心的活动，想要表达出来，手段可以有很多，音乐、舞蹈、绘画、雕塑等都是，但是最普通最重要的则是语言文字。所有这一些手段，特别是语言文字，都不能完整地把"意"表达出来，总有不少的距离，于是来了矛盾，来了困惑，产生了"言意之辨"的难题。

中国古代老子和庄子已经发现了这个问题。老子说："道，可道，非常道；名，可名，非常名。"不是说道不总是可道的吗？庄子说："筌者所以在鱼，得鱼而忘筌。言者所以在意，得意而忘言。"这话说得非常清楚了。哲学家的话比较朴实。到了文学家、文艺理论家笔下，问题依然，说法却有了变化；说理的成分少了，描绘的成分增加了。中国古代文论中很有影响的"意境"或"境界"和形象的问题，也与此有关。把意境形象化，就产生矛盾。唐皎然的《诗式》讨论了这个问题。他所说的"采奇于象外""文外之旨"等，可见一斑。司空图的《诗品》中碰到了同样的问题。他所说的"超以象外，得其环中"，含义相同。人们常争论的"形似"与"神似"的问题，归根结底，也产生于把人们心中的"意"如何外化，如何形象化的问题。王渔洋最欣赏的"不著一字，尽得风流"八字，说明他倾向神似，反对形似。也说明，他认为字的作用是极其有限的。宋代严羽的《沧浪诗话》，是以援禅入诗著名的。他大概在作诗与参禅中也遇到了言不尽意的麻烦。他不用或者没有能力用说理的或者叙述的方式来表达，而是采用了一些形象化的，美妙无比的比喻来表示，比如，他认为诗的妙处在于"不可凑泊，如空中之音，象中之色，水中之月，镜中之象"，在于无迹可求，在于言有尽而意无穷。唐人戴叔伦也发表了类似的看法："诗家之景，如蓝田日暖，良玉生烟，可望而不可置于目睫之间。"禅家所说的"羚羊挂角，无迹可求"，也是这个意思。他们还说什么"言语道断""不立文字"等，含义也一样。

类似的例子还可以举出很多很多来，看来用不着再一一列举了。诗人与禅客悟到了一些东西；但是，正如俗话所说的，好像是在茶壶里煮饺子，肚子里有，只是说不出来。原因究竟何在呢？

诗人与禅客，或者作诗与参禅，从表面上来看，是两种性质不同的活动。但是，既然共同点在一个"悟"字上，则所悟到的东西必有共同之处。作诗的"悟"，有技巧方面的问题；但是，更重要的是，与参禅一样，悟到的是"无我"，是"空"，是内容方面的东西。这些东西都是虚无缥缈的，抓不住看不到的。过去中外都有人企图加以解释，都有点似是而非。我现在想尝试着从言意的关系上来解决这个问题。最近由于一个偶然的机会，陶东风同志把他所著的《中国古代心理美学六论》^①送给了我，读了其中的一论：《言意论》，觉得茅塞顿开。他结合中国的传统理论，利用了西方当前的一些理论流派的说法，对言意关系这个古老的问题，作出了崭新的解释，持之有故，言之成理，读之耳目为之一新。我现在就基本上根据陶东风的叙述，加上我自己的一些想法，来阐释一下作诗与参禅的问题。

所谓"意"，我在上面已经稍有解释，其内容并不像一般人想象得那样简单。人类意识经验是有不同的层次的。弗洛伊德把它分为意识、前意识、无意识三个层次。人类经验中那些处于明确、简单的意识层次上的经验，与语言的关系比较紧密，较易传达，因而少有"言不尽意"的现象。但是那些飘忽不定、朦胧模糊、来去无踪的下意识、无意识的经验，则难以用言语来表达。有一种"非语言的思维之流"，这也是事实，无法否认。人们常说的"形象思维"，也表示类似的东西。理性的科学思维离不开语言，而一些转瞬即逝的印象，一股潜意识流程，则可以超语言而存在。

陶东风还引用了拉康的理论。拉康认为语言结构和人的意识结构、人格结构之间有一种对应，如下：

能指（S）/ 所指（S）= 表层 / 深层 = 显梦 / 隐梦 = 意识 / 无意识 = 超我 / 本我

语言的操作相当于梦的操作。语言的表层即能指的字面意义，仅是人的心理活动的表层，深层的所指则隐藏不见。在表示的符号（能

①　陶东风：《中国古代心理美学丛书》，百花文艺出版社1990年版。

指）和被表示的意义（所指）之间，其关系仅仅是一种暗示，甚至毫无关系。被表示的东西总是作为"言外之意"而不能直接把握。[①] 审美经验非常接近无意识、隐梦、深层经验。"言不尽意"的产生根源，即在于此。

陶东风引用的理论，粗略地说，就是这样。我认为，这样的理论是能够解决言意关系所产生的矛盾问题的。陶东风说："普通的感官知觉是人类认知活动中的知觉，它满足于认识事物的不变的共同的特征，与此相对应的普通语言也就有了意义的相对稳定性、单一性和清晰性；而审美的知觉经验则是无限复杂和丰富的，语言无论如何是无法穷尽它的。这一方面导致文学家为此而创造另一种情感语言或叫文学语言，另一方面导致文学语言中有'言不尽意'和'言外之意'的现象。"b [②] 再结合我在本文中讨论的作诗与参禅中所碰到的"言不尽意"的现象来看一看，作诗的审美经验十分复杂，有时候并不处在意识的层次上，而参禅则多半是在深层活动，近乎下意识或潜意识的活动。只能用陶东风引用的新的学说，才能得到比较满意的解释，事情不是已经很清楚了吗？

（二）一个印度理论

写到这里，我想顺便介绍一个印度理论，以资对比。

印度古代有丰富的文艺理论宝库。公元9世纪至10世纪是发展的全盛时期，也可以说是一个新纪元，一个转折点。9世纪出了一位欢增，名著叫《韵光》。10世纪出了一位新护，名著叫《韵光注》和《舞论注》。他继承和发展了欢增的理论。这个理论的轮廓大体如下。词汇

---

① 陶东风：《中国古代心理美学丛书》，百花文艺出版社1990年版，第75-76页。

② 陶东风：《中国古代心理美学丛书》，百花文艺出版社1990年版，第77页。

有三重功能，能表达三重意义：

一表示功能表示义（字面义，本义）；

二指示功能指示义（引申义，转义）；

三暗示功能暗示义（领会义）。

这三个系列又可以分为两大类：说出来的，包括"一"和"二"；没有说出来的，包括"三"。在"一"和"二"也就是表示功能和指示功能耗尽了表达能力之后，暗示功能就发挥作用，这种暗示就是他们所谓的"韵"。这种暗示功能有赖于读者的理解力和想象力。读者的主观能动性在这里可以得到充分的发挥。印度理论家喜欢举的例子是"恒河上茅屋"。其表示义是"恒河上"，指示义或引申义是"恒河岸上"，暗示义是"凉爽""圣洁"。他们把诗分为三个层次：第一，真诗，以没有说出来的东西也就是暗示的东西为主；第二，价值次一等的诗，没有说出来的只占次要的地位；第三，没有价值的诗，把一切重点都放在华丽的语言上，放在雕琢堆砌上。

我觉得，印度古代文艺理论家的这种理论，同我在本文中所讨论的言意关系问题，有相同或者相似之处。中国文艺理论家说，言不尽意；而印度理论家则更进一步说，只有无言，才能尽意。这是二者不同之处。值得注意的是，我在上面引用拉康的理论时说到，能指与所指的关系是暗示。在这里，印度理论家所强调的正是这个暗示。

（三）中国语言文字的作用

最后，我认为必须谈一谈中国汉语言文字在作诗和参禅中所起的作用。我也想由此来解释，为什么禅宗独独在中国产生而又得到了比较充分的发展，为什么独独在中国作诗与参禅产生了这样密切的关系。

我想从模糊语言学谈起。

模糊学是在本世纪60年代兴起的一门新科学，是一门新的边缘科学，是从数学、哲学、逻辑学、语言学等诞生出来的。"模糊语言的概念是模糊集合理论中最重要的进展之一。"① 详细情况我无法在这里介绍，请参阅伍铁平上引文以及其他论文。

稍一仔细思考，就会发现，人类语言中确有很多模糊的地方，词汇、语法等，莫不皆然。"模糊"一词绝没有任何贬义。再引扎德的说法：模糊类是指"其界限不是泾渭分明地确定好了的类别"，或者换个说法，"模糊类是指该类中的成员向非成员的过渡（transition）是逐渐的，而非一刀切的"②。语言中的现象正是这个样子。

模糊性是世界上所有的语言所共有的。但是诸语言之间，其模糊程度又是各不相同的。据我个人的看法，没有形态变化的汉语是世界上模糊性最强的语言。想要举例子，那真是俯拾即是。我先举一个简单的例子。温庭筠的两句诗"鸡声茅店月，人迹板桥霜"。是脍炙人口的。其中既无人称，也没有时态，连个动词都没有，只是平铺直叙地列上了六种东西，其间的关系也是相当模糊的。但是，无论谁读了，都会受到感染。人们可以根据各自不同的人生经验，把这六种东西加以排列组合，总起来给人一种深秋旅人早晨登程的荒寒寂寞的感觉，具有极浓的艺术感染力。主人是谁呢？根本没有说出，然而又呼之欲出。如果用印欧语系的富于形态变化的语言来重新加以改写，六种东西的相互关系以及它们与"主人"的关系，会清楚很多很多，然而其艺术感染力不也相对地会减少很多很多吗？原因我认为就是，这种明确了的关系会大大地限制了读者的想象力的发挥，这对于审美活动是不利的。③

---

① 美国学者扎德的话，转引自伍铁平《模糊语言学和术语学》，《贵阳师专学报》（社会科学版），1991 年第 2 期，第 1 页。

② 美国学者扎德的话，转引自伍铁平《模糊语言学和术语学》，《贵阳师专学报》（社会科学版），1991 年第 2 期，第 1 页。

③ 叶维廉《寻求跨中西文化的共同文学规律》也分析了这一首诗，可参阅。见北京大学出版社 1986 年版，第 63 页。

陶东风在上引书中为了说明中国古代文学语言之不可穷尽性和朦胧性，举出了两首短诗，连同它们的英译文。一首是唐卢纶的《塞下曲》（"月黑雁飞高"），一首是唐李白《静夜思》（"床前明月光"）。汉文原文时态不确定，人称不确定等。一旦译成英文，这些东西都不可避免地要一一补齐，否则就不成其为文章。然而，这样一补，原文的不确定性和朦胧性也就丧失净尽，审美经验也就受到了影响。同样一首诗，两种语言产生了两种效果。其对比是再明显不过的了。①

陶东风没有从模糊语言这个角度来理解这个问题。把模糊理论引入，是我的做法。最近九年以来，我经常讲到一个问题：西方文化的思维模式是分析的，而东方（中国）文化的基本思维模式则是综合的。所谓"综合"，主要是要强调"普遍联系"和"整体概念"。从这两种不同的思维模式中产生出来的文明或者文化，是有所不同的。表现在语言方面，汉语和印欧语系的语言是最典型的代表。一些语言学家在这方面作过一些探索。比如申小龙就有非常精辟的见解。在他所著的《中国句型文化》②中，他提出了焦点视与散点视的观点。他说："在某种意义上说，西方语言的句子是一种焦点视语言……一般来说，西方语言句子的谓语必然是由限定动词来充当的。这个限定动词又在人称和数上与主语保持一致关系。句子中如果出现其他动词，那一定采用非限定形式以示它与谓语动词的区别。因此，抓住句中的限定动词，就是抓住句子的骨干。整个句子格局也就纲举目张。西方句子的这种样态，就像西方的油画一样，采用的是严格的几何形的焦点透视法。"在另一方面，"汉语句子的认知心理不是'焦点'视，而是'散点'视"。"汉语句子

---

① 陶东风：《中国古代心理美学丛书》，百花文艺出版社 1990 年版，第82-84 页。

② 该书由东北师范大学出版社于 1988 年出版，现引申小龙观点，见 1991年第 2 次印刷，第 445-452 页。

的思维不是采用焦点透视的方法，而是采用散点透视的方法，形成了独特的流水句的格局。这很像中国画的透视。"这观察是非常细致而准确的。这个中国汉语的特点还表现在其他方面，它是从中国的思维模式产生出来的。我在上面已经说到，世界上所有的语言都有程度不同的模糊性，而汉语则是模糊中之特别模糊者。

我再重复一遍："模糊"一词绝没有任何贬义。我们毋宁说，这种模糊性更能反映语言的客观情况。

汉语这种模糊性和作诗与参禅有什么联系呢？

我先谈作诗。诗人心中有了"情"，有了"意"，需要表达。但是古往今来的任何国家的任何诗人，不管多么伟大，也绝不可能言以尽意，总会碰到言不尽意的矛盾。他们只能把最精彩的东西保留在自己心中，成为千古重复了无数次的悲剧。谁也改变不了，而且永久也不会改变。这是说的作者。从读者方面来说，审美经验也是极难确定的，换句话说就是相当模糊的。根据接受理论，其关系是作者→作品→读者；然后是读者→作品→作者，是一个倒转过来的读者与作者相互猜谜的活动。刘勰在《文心雕龙》中有几句非常精彩的分析："夫缀文者情动而辞发，观文者披文以入情，沿波讨源，虽幽必显。"这种猜谜活动，确实是异常模糊的。中国古人说："诗无达诂。"可谓慨乎言之矣。

这样一来，模糊朦胧的语言，也许比明确清晰的语言，更具有魅力，更具有暗示的能力，更适宜于作诗，更能让作者和读者发挥自己的创造力。作为诗的语言，汉语在世界众语言中的地位，是无与伦比的。中国作诗，讲究"炼"字。在中国文学史上这样的例子多得很，什么"红杏枝头春意闹"，什么"春风又绿江南岸"，什么"云破月来花弄影"，什么"僧敲月下门"，等等，简直俯拾即是，为世界文学史中所仅见。这种情况是由汉语的特点所决定的，而汉语的特点又是与它的不分词类、没有时态等语法特点分不开的，换句话说，就是与它的模糊性分不开。

现在再谈参禅。当年灵山会上，如来拈花，迦叶微笑。师徒二人葫芦里卖的什么药，我辈凡人，实在弄不清楚。禅宗在中国兴起以后，最初是不立文字；到了后来，发展成不离文字。个中消息，是颇值得参一参的。流传于许多《传灯录》中的所谓机锋，绝大部分是语言。从《祖堂集》到《五灯会元》，莫不皆然。这些机锋都是非常难以理解的。张中行先生怀着极大的勇气，居然把这些天书般的机锋整理成了十一类。我真是非常佩服。我现在借花献佛，从中抄出几个来，给读者一点感性的认识：

云门海晏禅师——僧问："如何是衲下衣事？"师曰："如咬硬石头。"（《五灯会元》卷三）

幽溪和尚——问："如何是祖师禅？"师曰："泥牛步步出人前。"（同上书，卷五）

抚州覆船和尚——僧问："如来是佛？"师曰："不识。"问："如何是祖师西来意？"师曰："莫谤祖师好！"（同上书，卷十）

庞蕴居士——后参马祖（道一），问曰："不与万法为侣者是什么人？"祖曰："待汝一口吸尽西江水，即向汝道。"（同上书，卷三）

延寿慧轮禅师——僧问："宝剑未出匣时如何？"师曰："不在外。"曰："出匣后如何？"师曰："不在内。"（同书，卷八）

石头希迁禅师——僧问："如何是解脱？"师曰："谁缚汝？"问："如何是净土？"师曰："谁垢汝？"问："如何是涅？"师曰："谁将生死与汝？"（同上书，卷五）

清平令遵禅师——问："如何是有漏？"师曰："笊篱。"曰："如何是无漏？"师曰："木勺。"（同上书，卷五）

三平义忠禅师——讲僧问："三乘十二分教，某甲不疑。如何是祖师西来意？"师曰："龟毛拂子，兔角拄杖，大德藏向什么处？"（同上书，卷五）

金可观禅师——问："从上宗乘如何为人？"师曰："我今日未吃茶。"（同上书，卷七）

国清院奉禅师——问："十二分教是止啼之义，离却止啼，请师一句。"师曰："孤峰顶上双角女。"问："如何是佛法大意？"师曰："释迦是牛头狱卒，祖师是马面阿旁。"问："如何是西来意？"师曰："东壁打西壁。"（同上书，卷四）

保福可俦禅师——僧问："如何是和尚家风？"师曰："云有青天水在瓶。"（同上书，卷八）

兴教惟一禅师——问："如何是道？"师曰："剌头入荒草。"曰："如何是道中人？"师曰："干屎橛。"（同上书，卷十）①

中国禅宗机锋的例子，多得不得了。举出上面这一些来，可见一斑了。这里也有一个接受过程。说话者→说出来的话→听者。然后听者→说话者的话→说话者，倒转过来，以意逆志。听者猜到的谜，与说话者要说出来的谜，其间距离究竟有多大，那只有天晓得了。这同如来拈花，迦叶微笑一样，是永远摸不到底的。但是，只要说者认可，别人也就不必越俎代庖了。这些机锋语言，看来五花八门；但是，据我看，纲只有一条，这就是中国汉语的模糊性。参禅斗机锋，本来就是迷离模糊

---

① 张中行：《禅外说禅》，黑龙江人民出版社 1991 年版，第 246—253 页。

的。再使用中国朦胧模糊的语言，可谓相得益彰了。在这里，我必须补充几句。对斗禅机来说，汉语的模糊性同作诗不完全一样。它不表现在语法形态上，而表现在内容含义上。然而其为模糊则一也。

写到这里，我可以回答我在上面提出来的两个问题了：为什么禅宗独独在中国产生而又得到了比较充分的发展？为什么独独在中国作诗与参禅才产生了这样密切的关系？我们回答是，其中原因之一就是汉字的模糊性。

表现在禅机方面的，除了语言之外，还有动作，比如当头棒喝，拈杖竖拂，直到画圆相，做女人拜，等等，等等。因与语言无关，我就不谈了。

文章就算写完了。义理非吾所好，亦非吾所长，只是阴差阳错，成了一只被赶上了架子的鸭子，实非所愿，欲罢不能，不得已而为之。我在文章开始时说到，与其让别人在自己脑袋里跑马，不如自己来跑上一趟。现在终于跑完了。张中行先生自谦是"禅外谈禅"。我毫不自谦是"野狐谈禅"。"野狐"是否能看到真正内行人所看不到的东西呢？这就要请方家指正了。

1992 年 2 月 1 日写完

研究中国文化应该把宗教考虑进来

　　近几年来，国内掀起了一个讨论文化问题的高潮。这是容易理解的。因为我们正在从事两个文明的建设，不讨论文化问题，对工作开展不利。

　　相对来说，宗教问题讨论得比较少。其中原因就不大容易说得清楚。人们可能认为，宗教问题已经解决了，没有再讨论的必要了，而且宗教与文化井水不犯河水，讨论文化时没有必要兼顾宗教。

　　但是，事实上，事情并不就如此简单、明了。我个人认为，宗教问题还远远没有解决。宗教与文化的关系问题还没有认真进行探讨。

　　恩格斯说过："创立宗教的人，他们必须本身感到宗教上的需要，并能体贴群众的宗教需要，而烦琐哲学家照例不是如此。"所谓群众的需要有多种多样。有真正的需要，有虚幻的需要，有麻醉的需要，有安慰的需要，尽管形式不同，其为需要则一也。宗教能满足麻醉的需要，这个一清二楚，用不着多加解释。但是，如果一提宗教，就一声："鸦片烟！"想一棍子打死，那是把极端复杂的问题过分简单化了。只要人民需要还在，一棍子打不死，几百几千棍子也是打不死的。

宗教也不是对时时事事都是鸦片烟。它有阻碍科学文化发展的一面，例如欧洲中世纪的天主教，疯狂迫害进步的科学家。但是像印度佛教传入中国，除了麻醉作用之外，也不能否认，还有促进中国哲学思想发展的一面。如果世界上从来也没有一个什么佛教，则一部中国思想史将会是另外一个样子。这件事情昭如日月，想否定它，那不是实事求是的态度。

我的意思不外是说，研究中国文化——研究世界文化也一样——应该把宗教考虑进来。一方面不要拜倒在我佛如来莲座之下，口念"阿弥陀佛"，五体投地，皈依三宝；另一方面也不要横眉竖目，义形于色，三呼打倒，立即动手。前者是蠢材，后者是昏蛋，莲座上的佛像可以砸碎，一些人们心中的佛像通过这种手段是砸不碎的。正确的办法只有一个，那就是，用科学的态度，面对现实，平心静气，对中国文化和宗教的关系，从各方面加以细致的分析，然后从中得出实事求是的结论，用以指导我们的行动。

郁龙余同志编选了《中国文化与宗教》一书，作为《台港海外中国文化研究丛书》之一。根据上面我说的理由，我认为是非常有意义的工作。里面的观点当然不一定都完全正确，肯定有我们目前不能接受的地方。但是，他山之石，可以攻玉。不管怎样，它定能帮助我们思考这个问题。我也希望我们大陆的同行们能立即行动起来，参加到研究文化与宗教的行列里来。

1987年10月11日

（本文原文为《中国文化与宗教》序言）

禅宗是佛教中国化的产物

　　印度禅法早就传入中国，后汉安世高，三国吴康僧会都译有这方面的经。到了南朝的宋代（420—479 年），菩提达摩来到中国，成为中国禅宗的一世祖。这时的禅宗，印度色彩当然极浓。以后继续发展下去，到了唐代，禅宗内部分成了不少小宗派，什么南宗、北宗、牛头宗、净众宗、菏泽宗、洪州宗等。到了五代，禅宗清凉文益的弟子天台德韶（891—972 年）接受了吴越忠懿王的召请，成为国师。在南唐，禅宗也最为兴旺。这时的禅宗更进一步分成五家：沩仰宗、临济宗、曹洞宗、云门宗和法眼宗。这样的分宗，证明禅宗还有活力，而在分化的同时，印度色彩越来越淡，中国色彩越来越浓。自唐代至五代，逐渐出现了一批禅宗灯史。到了宋代，与禅宗的兴盛相适应，又出现了许多灯史，目的是为了明确禅宗传法灯的系谱。此时禅宗兴盛至极，借用日本学者田茂雄的一句话："禅宗成了宋代佛教界的元雄。"但是，中国禅宗的发展还没有尽期，它一直发展下去。到了元代，仍然借用田的话："在元代佛教诸派中，禅宗最为繁荣。"在明代，"活跃于明代的僧侣，几乎都是禅宗系统的人。"一直到清代，甚至民国，禅宗依然颇有活力。[①]

禅宗为什么流行逾千年而经久不衰呢？我认为，这就是同化的结果。再仔细分析一下，可以归纳为两层意思。首先，一部分禅宗大师，比如百丈怀海，规定和尚必须参加生产劳动，认为"担水砍柴，无非妙道"。印度佛教本来是不让和尚劳动的。这种做法脱离群众，引起非议。中国禅宗一改，与信徒群众的隔阂就除掉了。这也符合宗教发展的规律。因此，在众多的佛教宗派中，禅宗的寿命独长。别的宗派几乎都销声匿迹，而禅宗巍然犹在。其次——这也是最主要的原因——禅宗越向前发展，越脱离印度的传统，以至完全为中国所同化，有的学者简直就说，禅宗是中国的创造，话虽过点分，却也不无道理。有的禅宗大师实际上是向印度佛教的对立面发展，他们呵佛骂祖，比如宣鉴（慧能六世法孙，唐末 865 年死）教门徒不要求佛告祖（达摩等），说："我这里佛也无，祖也无，达摩是老臊胡，十地菩萨是担屎汉，等妙二觉（指佛）是破戒凡夫，菩提涅槃是系驴橛，十二分数（十二部大经）是鬼神簿，拭疮疣纸，初心十地（菩萨）是守古冢鬼，自救得也无。佛是老胡屎橛。"又说："仁者莫求佛，佛是大杀人贼，赚多少人入淫魔坑。莫求文殊普贤，是田库奴。可惜一个堂堂丈夫儿，吃他毒药了。"这样咒骂还可以找到不少。这简直比佛教最狠毒的敌人咒骂还要狠毒，咬牙切齿之声，宛然可闻。说它是向佛教的对立面发展，难道有一丝一毫的歪曲吗？这哪里还有一点印度佛教的影子？说它已为中国思想所同化，不正是恰如其分吗？

1991年

---

① 以上叙述根据田茂雄《简明中国佛教史》，郑彭年译，力生校，上海译文出版社 1986 年版。

唐初统治者对宗教的态度

　　在资本主义社会以前的（包括资本主义社会本身）中外的统治者几乎都想利用宗教，为巩固自己的统治服务。而宗教为了巩固自己的地位，也都介入政治。马克思的名言"宗教是人民的鸦片烟"，就是为此而发的。但是，各国各时代的统治者利用宗教，又有其不同的策略与措施。

　　唐朝最高统治者李家出身北周贵族，利用隋末天下大乱的时机，在太原起兵，终于打败群雄，篡夺了农民革命的胜利果实，登上了皇帝宝座。唐初的统治者（主要是太宗），总结经验，觉得必须对老百姓（主要是农民），在政治、经济方面让点步，才能保持并巩固自己的统治。唐太宗对大臣们说："甲兵武备，诚不可阙。然炀帝甲兵岂不足耶？卒亡天下。若公等尽力使百姓乂安，此乃朕之甲兵也。"①

---

①《资治通鉴》卷一九三。

在政治经济方面让点步，但在思想领域内则必须加强控制，才能达到巩固统治的目的。在这里，首先碰到的是宗教问题。唐承北朝之制，专设管理宗教的机构。另一方面，从隋代起，一直到唐高宗、武则天，在拥立问题上，宗教都或多或少地介入了。人主看宗教对自己有用的程度而决定取舍和抑扬。所谓有用，包括六个方面：一，哪一个宗教拥立了自己？二，哪一个宗教对眼前或将来的统治有用？三，哪一个宗教能为自己的门楣增光？对调整品级结构，抑制名门大族，抬高庶族地位，确定族望与官品相结合的等级结构有用？四，哪一个宗教有利于扩大版图？五，哪一个宗教有利于长生不老？六，如果是一个女皇，哪一个宗教能抬高妇女的地位？最后这一个看来是个小问题，但可也是统治者关心的问题。根据这一些考虑，可能还有其他考虑，隋唐统治者就对儒、道、佛三家有压有提，有抑有扬，随时变化，随地变化，随人变化，呈现出错综复杂的景象。

儒家一方面宣扬"死生有命，富贵在天"的宿命论，另一方面又讲一套君君、臣臣、父父、子子的伦常道德，最利于稳定社会秩序，使大家各安其分，不敢妄生非分想，因而也就最利于封建统治。所以孔子的地位越来越高。在唐初，周公的地位还在孔子之上，但是不久周公就下了台，孔子一人独占儒席，而且官封到大成至圣文宣王这个吓人的高度。

道家，传说是老子李耳所创。唐代统治者姓李，为了给自己门楣涂上色彩，就想在古代名人中找一个祖宗，找来找去，找到李耳，便自称为李耳之后。

至于佛教，它讲的那一套道理是舶来品，首先处在不利的地位。它又讲什么出家人不拜君父，直接违反中国上千年的封建道德。这个问题在印度，特别是在中国，一直争论不休，对佛教的发展不利。但是，我们上面已经谈到，佛教传入中国以后，适应中国的国情，从小乘到大乘，一直发展到禅宗，佛国入门券越卖越便宜，麻醉性越来越大，它反复宣扬当前的痛苦算不了什么，佛国就在眼前，这对封建统治者是有利的。佛教还讲什么涅槃佛性，成佛作祖，乐园净土，这对一些统治者也是有吸引力的。所以佛教有时候也能得到统治者的欢心。道教的长生不老起到同样的作用。此外，唐代有不少人主张治世用儒教，乱世用佛教。《全唐文》卷七八八，十三上，李节《饯潭州疏言禅师诣太原求藏经诗序》说："夫俗既病矣，人既愁矣，不有释氏使安其分，勇者将奋而思斗，知者将静而思谋，则阡陌之人，皆纷纷而群起矣。"

此外，和尚、道士，儒生更不必说，很多人热心干预政治，在拥立问题上进行赌博。佛徒和道士助隋反周，女尼智仙有了大功。所以在隋代，佛教地位最高，道教也保有地位，儒家地位最低。到了隋末唐初，佛徒景晖和道士王远知都密助李渊。这当然会影响李渊对他们的态度。后来法琳拥建成，道士王远知拥太宗，法琳几乎被太宗杀掉，厚着脸皮说谎，说什么太宗是现世菩萨，才勉强蒙混过去。太宗晚年，道士拥立高宗。再晚一点，和尚拥立武则天。以后的事我们在这里不谈了。总之，初唐几个皇帝都曾为继承宝座而奋斗过。佛、道两家都曾从中插手，因而在一定的程度上影响了统治者对他们的态度。

专就唐朝的统治者而言，名义上虽然是北周贵族，但并不被看作是名门士族。从三国魏文帝起立九品中正之法，形成了把持政权的世族制度。此制直至隋唐，沿行不辍。唐太宗想造成以唐宗室和大臣为主体的新士族集团，打击传统的门阀士族，以便于长期统治。他命令高士廉等撰《氏族志》，把全国世家士族定为自上上至下下共九等。贞观十二年（638年）书成，列崔民干为上上。太宗大怒，斥责了高士廉等人，硬是命令他们重修，才改定以皇族为上上，外戚为上中，崔民干列为上下，这件事情才算了结。

此外，李唐统治者的血统也不是没有问题的。李唐统治者从父系来讲，实际上是李初古拔的后裔①，并不是汉族。从母系来讲，什么独孤氏，什么窦氏，什么长孙氏，都不是汉族。所以李唐的血统，在当时看来并不高贵。这一点他们自己心里应当是非常清楚的。

另外还有对外关系方面的考虑。最初只不过是保持边疆的稳定，后来又有了扩大版图的企图。中国自古代起，北方就不断有汉族以外的民族的侵扰。在汉代是匈奴，此后鲜卑曾兴盛过一阵。到了唐初，就换成了突厥。唐高祖起兵太原，准备争夺天下，先向东突厥始毕可汗称臣，以绝后顾之忧。始毕可汗死，弟处罗可汗、颉利可汗相继为主。连年入侵，深入唐境，掳掠烧杀，连长安也遭到严重威胁。唐王朝被迫讲和，甚至想迁都避突厥之锋。由于太宗反对，才没有实现。以后，太宗又多次与东突厥打交道。公元629年，太宗乘东突厥内部不和之机，命李靖等出兵，大破东突厥，俘颉利可汗。从此唐朝声威播及西域。公元630年，四方君长奉太宗为天可汗。东突厥虽然平静下去，但西域并不平静。除了东突厥以外，还有西突厥和一些别的民族，比如铁勒诸部，都对唐朝的统治有所威胁。唐王朝的最高统治者不能不加以注意。

上面谈到宗教干预政治在拥立问题上起了作用，谈到士族等级的问题，谈到李唐的民族问题，谈到唐朝西域边疆之患。这些问题表面上都与宗教信仰无关，实际上却有某种联系。这与我们上面谈到的初唐统治者考虑的六个方面是一致的。他们对儒、道、佛三家的态度在一定程度上受这些考虑的影响。我们下面谈这个问题时，就与这些考虑有千丝万缕的关系。

下面谈一谈自高祖一直到武则天四朝对待三教的态度。

李渊登基以后，对三教都想利用，实则是想以儒家思想来约束佛、

---

① 陈寅恪《唐代政治史述论稿》上篇：《统治阶级之氏族及其升降》，三联书店1956年版，第16-49页。

道。《唐世说》说："高祖尝幸国学，命徐文进讲《孝经》，僧惠乘讲《金刚经》，道士刘进嘉讲《老子》。"这是一个典型的例子。

武德二年（619年），令国子监立周公、孔子庙各一所，四时致祭。①

武德三年（620年）五月，晋州人吉善行于羊角山，见一老叟，乘白马朱鬣，仪容甚伟，曰："谓（为）吾语唐天子：'吾汝祖也。今年平贼后，子孙享国千岁。'"高祖异之，乃立庙于其地。②

武德四年（621年）下诏问僧曰："弃父母之须发，去君臣之章服，利在何门之中？益在何情之外？"③

武德五年（622年）法琳著《破邪论》驳傅奕，虞世南为之序。

武德六年（623年）太子建成等奏上法琳《破邪论》，高祖异焉。

武德七年（624年）二月，兴学敕："朕今欲敦本息末，崇尚儒宗；开后生之耳目，行先王之典训。而三教虽异，善归一揆。岂有沙门事佛，灵宇相望；朝贤宗儒，辟雍顿废？"④ "七月十四日，太史令傅奕上书请去释教。"⑤

高祖幸国学，令三教讲经。⑥

武德八年（625年）高祖幸国学，下诏："老先，次孔，末后释宗。"

武德九年（626年）清虚观道士李仲卿、刘进喜造论毁佛。⑦ "太

---

① 《唐会要》卷三五。参见《旧唐书》卷一八九上《儒学列传·总论》。
② 《唐会要》卷五〇。
③ 《集古今佛道论衡》卷丙，《大正新修大藏经》50，380a。
④ 《唐大诏令集》卷一〇五。
⑤ 《唐会要》卷四七。
⑥ 《唐会要》卷三五。
⑦ 《集古今佛道论衡》卷丙。

史令傅奕上疏，请除佛法。"① 高祖下诏询皇太子建成沙汰佛教意，建成上疏为佛教声辩。② 五月（此据《旧唐书》，《新唐书》作"四月"），下诏沙汰天下僧、尼、道士、女冠。表面上佛、道两打击，实则暗助道教。六月，高祖退位，不果行。

贞观元年（627 年）立弘文馆，精选天下文儒之士于殿内讲论经义，商略政事。③ 诏道士孙思邈见。将授以爵位，固辞。④ 召沙门玄琬为皇太子诸王授"菩萨戒"。⑤

贞观二年（628 年）取消周公先圣名义，以孔子为先圣，颜回为先师。⑥ 太宗说："梁武帝君臣唯谈苦空。侯景之乱，百官不能乘马。元帝为周师所围，犹讲老子，百官戎服以听。此深足为戒。朕所好者唯尧、舜、周、孔之道，以为如鸟有翼，如鱼有水，失之则死，不可暂无耳。"⑦ 太宗谓侍臣曰："神仙本是虚妄，空有其名。"⑧

贞观五年（631 年）"春，正月，诏僧、尼、道士致拜父母"。⑨

贞观七年（633 年）"春，二月，太子中舍人辛谞与慧净、法琳辩论儒佛优劣"。⑩ 命僧、道停致敬父母。⑪

贞观八年（634 年）"上谓长孙无忌曰：'在外百姓，大似信佛，上封事，欲令我每日将十个大德，共达官同入，令我礼拜。观此，乃是

---

① 《资治通鉴》卷一九一。
② 《唐护法沙门法琳别传》卷上，《大正新修大藏经》50，200c。
③ 《旧唐书》卷一八九上。
④ 《旧唐书》卷一九一《孙思邈传》。
⑤ 《续高僧传》卷二二《玄琬传》。
⑥ 《旧唐书》卷一八九上《儒学列传·总论》。
⑦ 《资治通鉴》卷一九二。
⑧ 《贞观政要》卷六。
⑨ 《资治通鉴》卷一九三，《贞观政要》卷七。
⑩ 《唐护法沙门法琳别传》卷上，《大正新修大藏经》50，202c。
⑪ 《佛祖统纪》卷三九。

道人教上其事。'"①

　　贞观十一年（637年）正月十五日，下诏："道士、女冠在僧尼之上。"②"况朕之本系出自柱下。鼎祚克昌，既凭上德之庆；天下大定，亦赖无为之功。"③七月二十四日，修宣尼庙于兖州。④

　　贞观十二年（638年）帝命高士廉撰《氏族志》。士廉仍以山东崔姓为第一，太宗斥之。⑤皇太子集诸官臣及三教学者于弘文殿，开明佛法。⑥

　　贞观十三年（639年）判法琳罪。⑦

　　贞观十四年（640年）三月，"太宗幸国子学，亲观释奠"。⑧

　　贞观十五年（641年）帝谓僧曰："比以老君是朕先祖，尊祖重亲，有生之本，故令在前。"⑨

　　贞观二十年（646年）手诏数萧瑀罪："至于佛教，非意所遵。虽有国之常经，固弊俗之虚术。何则？求其道者，未验福于将来；修其教

---

① 《唐会要》卷四七，《旧唐书》卷五一，太宗皇后长孙氏说："佛道者示存异方之教耳。非惟政体靡弊，又是上所不为。"从侧面也可以了解太宗对佛道的态度。

② 《旧唐书》卷三《太宗本纪》，《唐会要》卷四九。

③ 《唐护法沙门法琳别传》卷中，《大正新修大藏经》50，203c。《大唐大慈恩寺三藏法师传》卷九说："往贞观十一年有敕曰：'老子是朕祖宗，名位称号，宜在佛先。'"大概也指的是这一件事。见《大正新修大藏经》50，270a。

④ 《旧唐书》卷三《太宗本纪》。

⑤ 《唐会要》卷三六。

⑥ 《续高僧传》卷三《慧净传》作"十三年"。见《大正新修大藏经》50，444a。

⑦ 《唐护法沙门法琳别传》卷中、卷下。

⑧ 《旧唐书》卷二四《礼仪志》四。

⑨ 《集古今佛道论衡》卷丙，《珠林·传记篇》，《广弘明集》卷二八。

者，翻受辜于既往。"①

贞观二十一年（647年）令法师玄奘翻《老子》为梵文。②诏："以左丘明等二十二人配享尼父庙堂，并为先师。"③

高宗显庆二年（657年）二月，诏："僧尼不得受父母及尊者礼拜。"④"七月十一日，太尉长孙无忌等议曰：按新礼，孔子为先圣，颜回为先师。又准贞观二十一年，以孔子为先圣，更以左丘明等二十二人，与颜回俱配尼父于太学，并为先师。今据永徽令文，改用周公为先圣，遂黜孔子为先师，颜回、左丘明并为从祀。"⑤

显庆三年（658年）"四月，下敕追僧道各七人，入内论议"。⑥

乾封元年（666年）"正月三十日，追赠孔子为太师"。⑦"三月二十日，追尊老君为太上玄元皇帝"。⑧

上元元年（674年）八月二十四日辛丑，诏："公私斋会及参集之处，道士、女冠在东，僧、尼在西，不须更为先后。"⑨

武则天天授元年（690年）"封孔子为隆道公"。⑩

天授二年（691年）"四月二日，敕释教宜在道教之上，僧、尼处道士之前"。⑪

---

① 《旧唐书》卷六三《萧瑀传》。
② 《集古今佛道论衡》卷丙，《大正新修大藏经》52，386b。
③ 《唐会要》卷三五。
④ 《唐会要》卷四七。
⑤ 《唐会要》卷三五。
⑥ 《旧唐书》卷一八九上《儒学》上《贾公彦传》，李玄植附："高宗时屡被召见，与道士、沙门在御前讲说经义。"
⑦ 《唐会要》卷三五。
⑧ 《唐大诏令集》卷七八，作"二月二十二日"。
⑨ 《唐会要》卷四九。
⑩ 《唐会要》卷三五。
⑪ 《唐会要》卷四九。

圣历元年（698 年）"正月，条流佛道二教制"。[1]

开元二十七年（739 年）"八月二十四日，封孔子为文宣王"。[2]

上面这一段按年代顺序列成的图表似的叙述[3]，很有用处。儒、道、佛三家盛衰升降之迹，昭然可见。从这里面我认为，我们至少可以看出下列的情况：

一、唐代前期很多皇帝对三教的态度是不同的，但都曾召集三教的代表到御前去讲论，终唐之世都是这样。这是为什么呢？《刘宾客嘉话录》说：

> 德宗降诞日，内殿三教讲论，以僧监虚对韦渠牟，以许孟容对赵需，以僧覃延对道士郗惟素。诸人皆谈毕，监虚曰："臣请奏事：玄元皇帝我唐天下之圣人，文宣王古今之圣人，释迦如来西方之圣人，今皇帝陛下是南赡部洲之圣人。"

这清楚地说明，不管他们感情上对三教怎样，他们对三教都想利用。在某一个侧面，三教对他们的统治都有用处。

二、从武德初年到武后光宅元年（618—684 年），六十多年中，儒家和道家比较受到最高统治者的重视。原因我们已经谈到过。到了武则天，来了一个大转折。佛教在三教中上升为首位。天授元年（690 年），僧法明等十人伪造《大云经》四卷，说武则天是弥勒佛转世，当代唐做天子。武则天以一个异姓女子而想夺取唐室宝座，并不是一件容

---

[1]《唐大诏令集》卷一一三。

[2]《唐会要》卷三五。

[3] 我这个图表所收仅限于重要事件，并不要求全面，其余可参阅范文澜《唐代佛教》附张遵骝《隋唐五代佛教大事年表》，人民出版社 1979 年版。

易的事情。她必须利用一切手段来制造舆论，佛教是最有力的手段之一。她也把《华严经》当作《大云经》一类符命祥瑞来表彰。她所作的《〈大周新译大方广佛华严经〉序》中说："朕曩劫植因，叨承佛记；金仙降旨，《大云》之偈先彰；玉扆披祥，《宝雨》之文后及。加以积善余庆，俯集微躬；遂得地平天成，河清海晏。"[①] 华严宗也因之大兴。华严宗重神异灵验，讲什么"圆融无碍"，也就是消除一切矛盾，这对于她的统治都是有利的。禅宗南宗的代兴，与庶族地主力量的上升也有关联。武则天大力提倡以文学选拔寒士，推翻旧贵族地主集团的势力。所有的这一些措施，与提倡佛教一致，都是为了巩固自己的统治。

三、不管三教的地位如何变迁不定，在武则天以前，儒家一般都占首要地位。儒家那一套伦理思想自董仲舒以来，完全是为封建统治阶级服务的，而且服务得很好，所以才受到最高统治者的特别垂青。

四、儒佛汇流的现象，在唐以前就有所表现。隋代天台宗的大师智（531—597年）就曾宣传五戒对五常。华严宗五祖宗密（780—841年）也说什么"佛且类世五常之教，令持五戒"（宗密《原人论》）。他还宣传孝道是"儒释皆宗之"（宗密《盂兰盆经疏序》）。这些都表明佛教大师进一步修改自己的教义，以适应儒家的封建伦理道德。后来的唯物主义者柳宗元和刘禹锡也宣传这一套。柳宗元《大明和尚碑》说："儒以礼立仁义，无之则坏；佛以律持定慧，去之则丧。"刘禹锡《袁州萍乡县杨歧山故广禅师碑》说："（儒佛）犹水火异气，成味也同德；轮辕异象，致远也同功。然则儒以中道御群生，罕言性命，故世衰而寝息；佛以大悲救诸苦，广启因业，故劫浊而益尊。"

五、唐太宗最初对佛教并没有多大兴趣。贞观二十年（646年）手诏斥萧瑀说："至于佛教，非意所遵。"他不但不信佛，连神仙也不

---

① 《大正新修大藏经》10，1a。

信。《贞观政要》记载的贞观二年太宗说的"神仙本是虚妄"那句话，可以为证。他之所以对玄奘友好，是欣赏玄奘的才能，曾两次请法师归俗，并不是欣赏佛教。但是，到了晚年，太宗对佛教的态度大有改变。晚年气力渐衰，往往容易想到身后事。太宗不但对佛宽容，连方士药石都相信起来。最终还是服食长生之药断送了性命。《旧唐书》卷一四《宪宗纪》上（又见《太平御览》卷一〇四）说：

> （元和五年）八月乙巳朔。己亥，上顾谓宰臣曰："神仙之事信乎？"李藩对曰："神仙之说，出于道家；所宗《老子》五千文为本。老子指归，与经无异。后代好怪之流，假托老子神仙之说，故秦始皇遣方士载男女入海求仙，汉武帝嫁女与方士求不死药，二主受惑，卒无所得。文皇帝服胡僧长生药，遂致暴疾不救。"

可见唐太宗是因为妄想长生不老，服了胡僧的药，被毒死的。

统治者对宗教的态度很多是取决于经济利益。唐代几个皇帝的信佛和毁佛，都或多或少与经济利益有关。为了在政治上得到好处，就信任佛教，让老百姓出家为僧、尼。一旦僧、尼人数太多，光吃饭不劳动，于是就找一个借口灭佛。这种例子许多朝代都有，唐代更显得特别突出。

（本文节选自《玄奘与〈大唐西域记〉》一文）

佛教对于宋代理学影响之一例

这确是一个"大题"，但我却只能"小做"。佛教对宋代理学有很大的影响，这几乎已经成了一个公认的事实，现在没有哪一个哲学史家会再否认了。但一般人注意到的差不多全是思想方面的影响，冯芝生（友兰）先生在他的《中国哲学史》下册第十二章（页800）里讨论韩愈和李翱的思想，结论说：

> 由上所言，则宋明道学之基础及轮廓在唐代已由韩愈、李翱确定矣；而李之所贡献尤较韩为大，其学说所受佛学之影响尤为显然。

谢无量《中国哲学史》第三编上页1也说：

> 宋之大儒，多与禅门往还，其讨论性命之说，故宜有相契发者；唯于人事伦理，所持各异耳。

都说的是宋代理学在思想方面受了佛学的影响。蒋维乔、杨大膺《中国哲学史纲要》卷下页 4 说：

> 自来学者都说宋明理学和佛学的深切关系在乎根本思想，我们则认为只在乎方法。由方法的相同，所以外表上彼此有些类似；其实两家的思想虽有一二相通的地方，而根本上，一是世间法，一是出世间法，实在是水火不相容的。

我不明白，他所谓"方法"究竟是指的什么。此外中外学者讨论佛教和理学的关系的还非常多，几乎都是从大处着眼，研究两家思想方面的关系。我在这里不能一一列举了。

在这篇小文里，我不能，而且也不敢，讨论思想方面的大问题。我只想指出一件过去似乎还没有人注意到过的小事情，让大家注意。中国理学家除了讨论哲学问题以外，多半还都用一番实践的功夫，克治私欲就是这实践的功夫之一。清尹铭绶《学规举隅》卷上入德之方在叫作"克治"的一段里引朱子的话说：

> 朱子曰：前辈有欲澄治思虑者，于坐处置两器。每起一善念，则投白豆一粒于器中；每起一恶念，则投黑豆一粒于器中。初时黑豆多，白豆少，后来遂不复有黑豆，最后则虽白豆亦无之矣。然此只是个死法，若更加以读书穷理底工夫，则去那般不正当底思虑，何难之有？

我不知道这方法究竟有多少人实行，只记得在别的书里也看到过实行这方法的理学家，可见实行这方法的人不在少数。我们初看这方法，恐怕没有人会想到这不是"国货"，我最初也以为，只有中国，而且只有中国的理学家，才能发明这一个滑稽而笨拙的"死法"。但我后来竟然在中译《大藏经》里找到它的来源。《贤愚经》卷第十三，（六七）"优波毱提品"第六十讲到一个故事，说阿难的弟子耶贳羁，奉持佛法。他听说某一个居士生了一个孩子，于是他就去向居士索要，"欲使为道"。居士不肯。后来他又生了一个孩子，仍然不肯让他当和尚。

> 此耶贳羁是阿罗汉，三明具足，能知人根。观此二儿，与道无缘，亦自息意，不殷勤求。时彼居士复更生男，颜貌端妙，形相殊特。时耶贳羁复往从索。其父报曰："儿今犹小，未能奉事，又复家贫，无以饷送。且欲停之，须大当与。"年渐长大，才器益盛。父付财物，居肆贩卖。时耶贳羁往到其边，而为说法。教使系念。以白黑石子，用当筹算。善念下白，恶念下黑。优波毱提奉受其教，善恶之念，辄投石子。初黑偏多，白者甚少。渐渐修习。白黑正等。系念不止，更无黑石，纯有白者。善念已盛，逮得初果。[①]

这个"系念"的方法，同宋代理学家所用的那个方法，除了黑白豆子和黑白石子一点区别外，完全一样。倘若宋代理学家根本没同佛经接触过的话，我们或者还能说，这是偶合；但事实上他们却同佛经的关系非常深切，所以我们只能说，这是有意的假借。这个貌似地道中国货的方法原来也是跟佛教从印度传过来的。从这个小例子，我们可以看出来，宋代理学不但在大的思想方面受了佛教的影响，连许多人们平常不

---

① 《大正新修大藏经》4，442b。

注意的末节也居然受到佛教的影响了。

1948年5月11日于北京大学

（本文节选自季羡林《中印文化交流史》一文）

《西游记》与《罗摩衍那》

——读书札记

正在翻译《罗摩衍那》第六篇《战斗篇》，读到下面这几首诗：

> 罗怙后裔发怒火，
> 胳膊粗壮勇罗摩；
> 猛将利刃置弦上，
> 力同毒蛇差不多；
> 砍中罗波那头颅，
> 连同耳环都砍落。
>
> （6.96.20）

魔王头颅被抛出，
三界人神共目睹；
头颅滚落大地上，
颈上又长一头颅。

（6.96.21）

罗摩双手灵且巧，
做事迅速又利落；
又在阵前射飞箭，
射中魔头第二个。

（6.96.22）

头颅刚刚被射断，
另一头颅又出现；
即使罗摩射飞箭，
疾飞迅驶如闪电。

（6.96.23）

如此射掉一百个，
头颅个个差不多；
罗波那仍未死去，
依旧健壮又快活。

（6.96.24）

　　这使我立刻想到《西游记》第61回：猪八戒助力败魔王　孙行者三调芭蕉扇。讲的是孙行者同牛魔王厮杀，玉帝派托塔李天王携哪吒太子来援：

> 这太子即喝一声"变"！变作三头六臂，飞身跳在牛王背上，使斩妖剑望颈项上一挥，不觉得把个牛头斩下。天王收刀，却才与行者相见。那牛王腔子里又钻出一个头来，口吐黑气，眼放金光。被哪吒又砍一剑，头落处，又钻出一个头来。一连砍了十数剑，随即长出十数个头。

一眼就可以看出，这两个故事几乎完全一样。唯一的差别就是罗波那被罗摩砍掉一百个头，最后罗摩用大梵天钦赐法宝打中魔王，魔王倒毙阵前。而牛魔王则在被砍掉十数个头以后，虔心向善，改邪归正。这两个故事之间有什么关系呢？这个故事不那么复杂，独立产生的可能是存在的。但是，我仍然同以前一样倾向于认定其中有渊源关系。《西游记》这部长篇小说本身受到印度民间文学强烈的影响，这一点是没有人否认的。我一直到今天还不明白，为什么孙行者就不能是《罗摩衍那》中神猴哈奴曼的化身？简而言之，我认为中国的牛魔王是印度罗刹王罗波那的一部分在中国的化身。

1981年9月

关于中国弥勒信仰的几点感想

我正在为我译释的吐火罗文 A（焉耆文）《弥勒会见记》剧本写一篇相当长的导言。我考虑了一些有关弥勒信仰的问题，现在讲一点。

在中华民族中，汉族不能算是一个宗教性很强的民族。我们信的宗教最大最古的只有两个：一个是土生土长的道教，一个是从外面传进来的佛教。除了道士和和尚尼姑以外，老百姓信这两种宗教都信得马马虎虎。佛教庙里有时有道教的神，反之亦然。而且佛道两种庙里有时竟会出现一个孔子、一个关圣帝君文武二圣人。在过去，有钱的阔人家里办大出丧，既请和尚念经，也请道士，各唱各的调，各吹各的号，一团和气，处之泰然。整个中国历史上没有一次宗教战争。

然而在利用宗教达到政治目的或其他目的方面，汉族在几千年的历史上却表现出了非凡的本领，其他民族望尘莫及。专就弥勒而论，他本是佛教中的未来佛，在佛教教义中有突出的地位。然而一到中国，人们把他塑在每一所佛教庙里。一进山门，首先看到的那一位肚皮肥大、胖胖的、面含微笑的佛爷就是弥勒佛。除了让人们觉得好玩以外，谁还会想到他是什么未来佛呢？其他佛爷像前香烟缭绕，热热闹闹；他的像前则往往是烟销火灭，冷冷清清。

可是，换一个场合，当皇亲国戚或达官贵人，甚至平民老百姓，想进行政治斗争的时候，却忽然想起了这一位佛爷，觉得他这个未来佛的头衔颇可以加以利用了。

我先举一个最著名的例子。中国历史上唯一的一位女皇帝唐代的武则天，以一妇女而贬子窃位，不得不想尽种种方法为自己洗刷，为自己涂脂抹粉。公元690年（载初元年，天授元年），沙门怀义与法朗等十人进《大云经》，陈符命，说武则天是弥勒下生，当代唐作阎浮提主。则天大喜，制颁天下，到处建立大云寺。武则天本人未必相信什么未来佛。有人说她是弥勒降生，从佛教教义上来看也是荒唐可笑的。然而对武则天来说，这却是天大的一根稻草，非牢牢抓住不可。到了695年（证圣元年，天册万岁元年），她又给自己加上了"慈氏越古金轮圣神皇帝"，"慈氏"就是弥勒的意译。可见她真正俨然以弥勒佛自居了。

弥勒，皇帝能利用，民间也能利用。这样的记载从很早的时候就有。《隋书》卷三《炀帝纪》上："（大业）六年（610）春正月癸亥朔旦，有盗数十人，皆素冠练衣，焚香持华，自称'弥勒佛'，入自建国门，监门者皆稽首。既而夺卫士仗，将为乱。齐王暕遇而斩之。于是都下大索，与相连坐者千余家。"同书载："（大业）九年（613）十二月丁亥，扶风人向海明举兵作乱，称皇帝，建元白乌。遣太仆卿杨义臣击破之。"这个向海明也自称是"弥勒出世"。仅在隋炀帝大业年间，这样自称弥勒佛作乱的事情就出现过两次。到了唐代，甚至唐代以后，这样的事情屡次发生。革命的农民也有假"弥勒降生"的名义聚众兴兵者。这里不再一一列举了。

中国人民利用宗教信仰达到政治目的，对象绝不止弥勒一个。利用佛教其他神灵者有之，利用道教者有之，利用摩尼教者有之。本文专谈弥勒，其他就不谈了。我认为，连太平天国也是利用耶稣教的，洪秀全并不是一个虔诚的耶稣教徒。

总之，汉人对宗教并不虔信，但是利用宗教却极广泛而精明。这在汉族的民族性中是优是劣，由读者自己去评断吧。

1989年7月28日